James Thurber

Der Hund, der die Leute biß

und andere Geschichten für Freunde bellender Vierbeiner

Rowohlt

Mit 32 Zeichnungen des Autors
Deutsch von Johanna Prym, Peter Düllberg, Hans Reisiger
und H. M. Ledig-Rowohlt
Ausgewählt aus *Thurber's Dogs*,
erschienen bei Simon and Schuster, New York,
und *The Owl in the Attic*, Harper & Row, New York
Farbiges Umschlagbild nach einer Zeichnung
von James Thurber

1.–15. Tausend Februar 1972

Gesamtherstellung Clausen & Bosse, Leck/Schleswig
Printed in Germany
ISBN 3 498 09825 X

Für Sara Thurber Sauers

Einführung

An einem Wintertag blätterte ich in Plutarchs «Lebensbeschreibungen» und stieß auf die Geschichte von Xanthippus und seinem Hund. Der alte Grieche war einmal, so wird berichtet, zu Schiff aus Athen geflohen und hatte seinen Hund zurückgelassen – oder er meinte vielmehr, ihn zurückgelassen zu haben. Der Hund jedoch, getreu der bewährten Tradition des Tierreiches «Wo-Du-hingehst...», sprang ins Wasser und schwamm den ganzen Weg bis nach Salamis dem Ruderschiff nach, eine Leistung, auf die sogar ein Seehund stolz sein könnte. Xanthippus war gerührt und entzückt. Als der Hund starb, errichtete er ihm ein auffallendes Grabmal hoch oben auf einer windumbrausten Klippe. Es sollte feige und wankelmütige Menschen nachdrücklich daran gemahnen, daß Treue, Mut und Entschlußkraft Wunder wirken können.

Der Mensch erlangte seine Vormachtstellung über das Tier zunächst nicht durch seinen Geist, sondern durch die Geschicklichkeit seiner Finger. Er konnte Steine aufnehmen und damit werfen, und er wußte mit einem Knüppel umzugehen. Später erfand er Speer, Pfeil und Bogen. Ich nehme an, die anderen Tiere müssen schnell herausgefunden haben, daß sie so gut wie tafelfertig waren, sobald sie in Reichweite des Menschen kamen. So entschlossen sie sich, in Freundschaft mit ihm zu leben. Der Mensch muß daraufhin versucht haben, aus jeder Tierart Spielgefährten und Hausgenossen heranzuziehen. (Es ist ihm schon damals nicht eingefallen, mit einer Frau zu spielen oder auf die Jagd zu gehen, eine Eigentümlichkeit, die sich bei ihm bis auf die heutige Zeit erhalten hat.)

Der Mensch brauchte nicht lange – höchstens ein paar Jahrhunderte – um dahinterzukommen, daß alle Tiere, mit Ausnahme des Hundes, im Hause eine Unmöglichkeit bedeuteten.[1]

Ein paar Tage in Gesellschaft eines Ameisenbären oder Lamas, der Versuch, einem Wasserbüffel «Bitte-Bitte» oder «Mach-schön» beizubringen oder einen Elch ans Haus gewöhnen zu wollen, lassen schnell erkennen, wie weise der Mensch seinen Ausleseprozeß durchgeführt hat. Als der erste Mann den ersten Hund in seine Höhle brachte (ganz gewiß gegen den heftigen Protest seiner Frau), begann eine Gemeinschaft, von der der Mensch ungemein profitiert hat. Wir dürfen annehmen, daß der Mann der Vorzeit dem Weib als Gattin oder Mutter in keiner Hinsicht Achtung entgegengebracht hat. Die Einführung des Hundes in den Familienkreis infizierte ihn zum erstenmal mit jener wohligen

1 Es liegt mir fern, Katzenliebhaber vorsätzlich zu beleidigen, obwohl es mir wirklich wenig ausmacht, ob ich es tue oder nicht.

Krankheit, Liebe genannt. In der merkwürdigen Periode seines Lebens zwischen Kindheit und Erwachsensein geht der Mann von heute durch eine Entwicklungsphase, die man atavistisch nennen könnte. Seine Mutter, seine Schwester und die niedliche Kleine von nebenan betrachtet er in dieser Zeit mit kalter Gleichgültigkeit, wenn nicht mit ausgesprochener Verachtung. An Rex oder Nero aber verschwendet er seine überströmenden Gefühle. Der Schmerz über den Verlust eines Hundes läßt einen kleinen Jungen den ersten beklommenen Blick in die kummerbeladene Welt des Mannes tun. Nach diesem abgrundtiefen Jammer kann ihm das Leben nichts mehr antun, das er nicht irgendwie zu ertragen vermöchte.

Wenn nun der Mensch so unendlichen Vorteil aus seiner Verbindung mit dem Hund gezogen hat, so muß man sich jetzt fragen, was denn der Hund davon hat? Sein Konto ist natürlich mit Heimsuchungen schwer belastet: er hat den Maulkorb kennengelernt, die Leine und den Strick, er hat die Würdelosigkeit der Hundeausstellung ertragen, die Blechbüchse am Schwanz, das Schleifchen im Haar. Sein Liebesleben mit Hundedamen ist von der kalten Berechnung des Züchters gelenkt worden, überzärtliche Damen haben seine Verdauung mit Fondants und Makronen ruiniert. Die Liste seiner Leiden könnte ins Unendliche verlängert werden. Aber

er hat auch seinen Spaß dabei gehabt, denn ihm ist vergönnt, das einzige vernunftbegabte Geschöpf im Zusammenleben ganz aus der Nähe studieren zu dürfen – das unvernünftigste aller Geschöpfe.

Der Mensch bereitet dem Hund mehr Vergnügen als umgekehrt, und zwar aus dem klar ersichtlichen Grunde, daß der Mensch von beiden Tieren das lächerlichere ist! Der Hund wundert sich schon lange über die eigenartige Handlungsweise und die seltsamen Gewohnheiten des Menschen. Wißbegierig, den Kopf auf die Seite gelegt, belauscht und beobachtet er aufmerksam die merkwürdigsten Begebenheiten auf der Welt. Er hat gesehen, daß dieselben Menschen am gleichen Abend erst zusammen singen und sich dann gegenseitig in die Haare geraten. Er hat beobachtet, daß sie zu einer Zeit schlafen gehen, zu der man aufstehen sollte, und daß sie aufstehen, wenn es Zeit ist, zu Bett zu gehen. Es ist ihm aufgefallen, daß sie weite Strecken des Landes verwüsten und gleichzeitig kleine Fleckchen Erde pflegen. Er hat bemerkt, daß Menschen starke und solide Häuser bauen, um sich in Frieden und Ruhe darin zurückzuziehen, und sie dann mit elektrischem Licht und schrillen Klingeln ausstatten. Die fein empfindende Nase des Hundes, die herausschnüffeln kann, was in der nächsten Stadt vor sich geht, hat die verschiedenen verwirrenden Gerüche von Krankenhäusern und Munitionsfabriken gleichzeitig aufgenommen. Der Hund hat mit angesehen, daß die Menschen Großstädte bis in den Himmel bauen, um sie dann in eine Hölle des Untergangs zu verwandeln.

Wie das Zusammenleben mit den Menschen den Hund beeinflußt, kann man in seinen Augen lesen, die so oft eine viel größere Ausdrucksfähigkeit haben als die des Menschen. Die Augen eines sensiblen französischen Pudels, zum Beispiel, können in so ungetrübter Freude glitzern und sich zu so tiefer Schwermut verdunkeln, daß die Herren dieser Welt fassungslos davorstehen, denn sie haben längst den Schlüssel zu den vielen einfachen Wundern verloren. Dem Menschen ist es nach langer Übung so gut gelungen, seine Gefühle zu unterdrücken und seine Empfindungen in Schach zu halten, daß aus seinem Ernst und seiner Heiterkeit das Grundelement der Natürlichkeit verschwunden ist.

Ich glaube, der Hund weiß das. Manchmal spiegelt es sich in seinen Augen, wenn er daliegt und uns mit einem langen, bedauernden Blick ansieht. Er weiß, daß des Menschen nackter Fuß schon seit langem nicht mehr die lebendige Erde berührt hat und daß der Mensch sich viel zu sehr mit der Herstellung von Maschinen beschäftigt, die von allen Dingen auf der Welt Gestalt und Sinn der Natur am meisten verleugnen. Mein alter weiser Pudel hat versucht, mich dem wirklichen Leben wieder näherzubringen. Es war jedoch zu spät. Ich habe jedesmal entweder schnell das Radio aufgedreht oder bin hinausgelaufen und habe mich in meinen Wagen geworfen.

Selten nur ist es dem Hund gelungen, den Menschen auf sein Niveau der Weisheit hinaufzuheben, der Mensch aber hat oft den Hund auf das seine heruntergezogen. Er hat dem Hund Trägheit, Stolz und Neid beigebracht, in manchen Fällen hat er ihn in ein Nervenbündel verwandelt und ihn sogar das Trinken gelehrt.

Da war einmal ein Hund namens Barge. Er lebte in Colombus im Staate Ohio, in der Franklin Avenue. Barge war ein Durchschnittshund, mittelgroß, mittelkräftig und ohne besondere Kennzeichen. Seine Besitzer, ein Ehepaar mit zwei Kindern, waren angesehene, gutbürgerliche Leute aus dem Mittelstand. Ein paar Jünglinge aber aus der Nachbarschaft, die Billard spielten und auf Motorrädern durch das Land brausten, lockten Barge eines Tages in eine Kneipe und stellten ihm eine Untertasse voll Bier hin. Er leckte es auf, und es schmeckte ihm. Von da war es nur ein kleiner Schritt zum Whisky.

Die Jungen fanden Barge furchtbar komisch, wenn er betrunken war. Dann fing er an, hin und her zu taumeln und überall anzustoßen, er rülpste, grinste albern und winselte mit erhobener Schnauze, so daß man es mit einiger Phantasie für ein sentimentales Lied halten konnte. Barges Fell wurde schäbig, sein Gang schwankend, und seine Augen verloren die Schärfe. Er fing an, die ganze Nacht auszubleiben und sich zu amüsieren. Seine Pflichten als Wachhund im Hause seines Herren vernachlässigte er völlig. Eines

Nachts, als Barge sich wieder auf einer seiner ausgedehnten Bummelreisen befand, kamen Einbrecher und verschwanden mit dem besten Silber und Kristall seiner Herrin.

Als Barge am nächsten Mittag nach Hause schwankte, roch er das Unheil schon häuserweit. Seine Besitzer erwarteten ihn bereits mit grimmigen Blicken vor der Tür. Sie hatten nach dem

Einbruch noch nicht aufgeräumt, Schubkästen waren herausgezogen, Servietten und Serviettenringe lagen unordentlich verstreut auf dem Fußboden umher. Barge ließ Ohren und Schwanz hängen. Seine Flanken bebten, als man ihn ins Haus führte, um ihm die Folgen seines lasterhaften Lebens zu zeigen. Er umfaßte alles mit einem langen, traurigen Blick, und sein umnebeltes Gehirn klärte sich. Er sah ein, daß er nicht nur ein Nichtsnutz war, sondern ein Übeltäter. Man hat nachts das Haus zu bewachen, die Familie in Feuersgefahr zu warnen und ertrinkende Kinder aus dem See zu retten. Das waren geheiligte Verpflichtungen, unzerstörbare Gesetze. Der Mensch hatte Barge tief herabgewürdigt, aber ein Funken echten Hundebewußtseins war ihm geblieben. Schnell und lautlos eilte er die Treppe hinauf und stürzte sich aus einem offenen Fenster; er beging Selbstmord! Dies ist die wahre und traurige Ballade von der Franklin Avenue.

Der Hund, der die Leute biß

Eigentlich sollte einer allein in seinem Leben nicht so viele Hunde haben wie ich. Aber ich hatte mehr Freude als Verdruß mit ihnen, außer im Falle eines Airedaleterriers, Muggs genannt. Er machte mir mehr Sorgen als die vier- oder fünfundfünfzig anderen zusammengenommen, obgleich mich eine Scotchhündin, die Jeannie hieß, in die allerschrecklichste Verlegenheit gebracht hat: Sie hatte gerade vier Junge in einer Wohnung im vierten Stock in New York in einem Schuhschrank bekommen und warf unerwartet das fünfte und letzte Junge an der Ecke von Eleventh Street und Fifth Avenue während eines Spaziergangs, auf dem sie bestanden hatte. Und dann der preisgekrönte französische Pudel, ein Ungeheuer von einem schwarzen Pudel (nicht so ein kleines, folgsames weißes Miniatürchen): Dem wurde auf dem Rumpelsitz des Autos schlecht, als ich mit ihm zur Greenwich-Hundeschau fuhr. Er hatte ein rosa Lätzchen um den Hals, und ich mußte obendrein noch einen kleinen grünen Schirm, schon mehr einen Sonnenschirm, über ihn halten, weil ein Platzregen losbrach, gerade als wir durch die Bronx fuhren.

Der Regen platschte fürchterlich herunter, und unversehens fuhr der Chauffeur in eine große Garage voller Autoschlosser. Das geschah so schnell, daß ich vergaß, den Schirm zuzumachen. Mein Leben lang werde ich mich mit beklemmendem Unbehagen an die Mischung von Verblüffung und Wut erinnern, die sich auf dem Gesicht des ausnehmend verbissenen Autoschlossers ausdrückte, der herbeikam, um nach unseren Wünschen zu fragen, und der dabei den Pudel und mich anstarrte. Alle Autoschlosser und andere Leute dieser intoleranten Art hassen Pudel wegen ihres komischen Haarschnitts und vor allen Dingen wegen der Bömmelchen, die man um ihre Flanken hängen lassen muß, wenn man mit dem Hund einen Preis gewinnen will.

Aber der Airedale, wie gesagt, war der schlimmste von allen meinen Hunden. Wenn man es genau nimmt, war es gar nicht mein Hund; ich kam eines Sommers aus den Ferien nach Hause und fand, daß mein Bruder Roy ihn gekauft hatte, während ich weg war. Es war ein großer, starker, bösartiger Hund, und er benahm sich immer, als ob er dächte, ich gehöre nicht zur Familie. Und das war ein kleiner Vorteil, zur Familie zu gehören, denn er biß Familienmitglieder nicht so oft wie Fremde. Trotzdem aber biß er während der Jahre, die er bei uns zubrachte, jeden von uns, außer Mutter, und bei der versuchte er es einmal, aber es ging ihm daneben. Das war während des Monats, als plötzlich Mäuse bei uns auftauchten und Muggs sich rundweg weigerte, sich um sie zu kümmern.

Kein Mensch hatte jemals solche Mäuse gehabt wie wir in diesem Monat. Sie benahmen sich wie zahme Mäuse, fast als ob sie dressiert wären. Sie waren so zutraulich, daß Mutter eines Abends, als sie für den Friraliraklub, dem sie und Papa zwanzig Jahre lang angehörten, ein Essen gab, eine Menge kleiner Tellerchen mit Futter auf den Boden in der Speisekammer stellte, damit sich die Mäuse zufriedengaben und nicht ins Eßzimmer zu kommen brauchten. Muggs blieb zusammen mit den Mäusen in der Speisekammer, lag auf der Erde und knurrte vor sich hin, aber nicht wegen der Mäuse, sondern wegen all der Leute im Zimmer nebenan, die er gerne gebissen hätte. Mutter guckte einmal schnell in der Kammer nach, wie sich die Sache anließ. Sie ließ sich gut an! Sie war so ärgerlich darüber, daß Muggs dalag und die Mäuse ignorierte – sie kamen ihr entgegengelaufen –, daß sie Muggs einen Klaps gab. Da ging er auf sie los; aber er sprang daneben.

«Es tat ihm auf der Stelle leid», sagte Mutter. Es täte ihm immer leid, wenn er einen gebissen hätte, sagte sie, aber wir konnten nicht begreifen, woher sie das wußte. Er benahm sich nicht wie Leidtun.

Mutter pflegte alle Weihnachten den Leuten, die Muggs gebissen hatte, eine Schachtel Pralinen zu schicken. Die Liste enthielt schließlich mehr als vierzig Namen. Niemand konnte verstehen, warum wir den Hund nicht abschafften. Ich verstand es eigentlich auch nicht, aber wir schafften ihn eben nicht ab. Ich glaube, der eine oder andere hat auch versucht, Muggs zu vergiften – hin und wieder benahm er sich nämlich wie ein Vergifteter –, und der alte Major Moberly feuerte in der Nähe des Hotels Seneca in der East Broad Street seinen Dienstrevolver auf ihn ab. Aber Muggs wurde fast elf Jahre alt, und selbst, als er sich kaum noch aufrecht halten konnte, biß er ein Kongreßmitglied, das meinen Vater in Geschäftsangelegenheiten besuchte. Mutter hatte das Kongreßmitglied niemals sonderlich geschätzt – sie sagte, die Zeichen seines Horoskops ließen erkennen, daß man ihm nicht trauen könne (er war Saturn mit dem Mond in der Jungfrau) –, aber sie schickte ihm zum folgenden Weihnachtsfest eine Schachtel Pralinen. Der Mann schickte sie sofort zurück, wahrscheinlich dachte er, es wäre Ulk-Konfekt. Mutter redete sich ein, es sei nur gut, daß der Hund ihn gebissen hätte, obgleich Vater auf diese Weise eine wichtige Geschäftsverbindung einbüßte.

«Ich würde mit so einem Mann keine Geschäfte machen», sagte Mutter, «Muggs las in ihm wie in einem offenen Buch.»

Wir wechselten uns beim Füttern von Muggs ab, um ihn gewogen zu stimmen, aber das schlug nicht immer an. Er hatte niemals richtig gute

Laune, nicht einmal nach dem Essen. Niemand wußte genau, was mit ihm los war, aber was es auch sein mochte: er war einfach jähzornig, besonders morgens. Auch Roy ging es morgens nie sonderlich gut, hauptsächlich vor dem Frühstück. Und einmal, als er herunterkam und sah, daß Muggs schlecht gelaunt die Morgenzeitung zerkaut hatte, schlug er ihm mit einer Pampelmuse in die Schnauze, rettete sich auf den Eßzimmertisch, zertrat Geschirr und Silber und verschüttete den Kaffee. Muggs erster Sprung ging gleich über den ganzen Tisch weg und geradewegs in einen messingnen Ofenschirm hinein, der vor dem Gaskamin stand. Aber er war augenblicklich wieder obenauf, und schließlich erwischte er Roy und biß ihn lästerlich ins Bein. Dann war er befriedigt: er biß immer nur einmal zu. Mutter erwähnte das immer als ein Argument zu seiner Entlastung; sie sagte, er habe eine etwas jähe Natur, aber er sei nicht nachtragend. Sie verteidigte ihn immer. Ich glaube, sie mochte ihn gern, weil er sich nicht wohl fühlte. «Er ist nicht stark», pflegte sie mitleidig zu sagen, aber das war ungenau, er fühlte sich vielleicht nicht wohl, aber er war fürchterlich stark.

Einmal ging Mutter ins Hotel Cittenden zu einer Seelenärztin, die in Columbus «Harmonische Schwingungen» lehrte. Bei ihr wollte sie sich erkundigen, ob es möglich sei, einen Hund in harmonische Schwingungen zu versetzen. «Es ist ein großer gelblichbrauner Airedale», erklärte Mutter.

Die Dame sagte, daß sie noch keinen Hund behandelt hätte, aber sie empfahl meiner Mutter, sich auf den Gedanken zu konzentrieren, daß er nicht bisse und auch niemals beißen würde. Mutter konzentrierte sich gleich am nächsten Morgen, kurz bevor Muggs den Eismann erwischte, aber sie schob diesen Fehltritt dem Eismann in die Schuhe.

«Wenn Sie nicht dächten, er würde Sie beißen, dann täte er es auch nicht», sagte sie zu ihm. Er humpelte unter schrecklich unharmonischen Schwingungen aus dem Haus. Eines Morgens, als Muggs mich ein wenig biß, mehr oder weniger im Vorbeigehen, packte ich ihn an seinem Stummelschwanz und hob ihn in die Luft. Es war ein närrisches Unterfangen, und als ich Mutter etwa vor einem halben Jahr zuletzt sah, sagte sie, sie hätte nicht gewußt, was mich damals gepackt hätte. Ich weiß es auch nicht, außer daß ich ziemlich erbost war. Solange ich den Hund am Schwanz in die Höhe hielt, konnte er mich nicht erwischen, aber er zappelte und strampelte knurrend derartig, daß ich einsah, ich könnte ihn nicht länger halten. Ich trug ihn in die Küche, schleuderte ihn auf die Erde und schlug die Tür gerade in dem Augenblick zu, als er dagegenrannte. Aber ich vergaß die Hintertreppe. Muggs lief die Hintertreppe hinauf und die Vordertreppe hinab und stellte mich im Wohnzimmer. Ich konnte gerade noch das Sims über dem Kamin erreichen, aber es brach mit einem entsetzlichen Getöse herunter und schmetterte eine Marmoruhr, einige Vasen und mich auf den Boden. Muggs war so erschreckt von dem Tumult, daß er verschwunden war, als ich mich aufgesammelt hatte. Wir konnten ihn nirgendwo finden, obgleich wir pfiffen und riefen. Bis uns die alte Mrs. Detweiler abends nach dem Essen besuchte. Muggs hatte sie einmal ins Bein gebissen, und sie betrat das Wohnzimmer erst, als wir ihr versichert hatten, daß Muggs weggelaufen sei. Sie hatte sich gerade hingesetzt, als mit schaurigem Knurren und Pfotenkratzen Muggs unter einer Schreibkommode hervorgekrochen kam, wo er sich die ganze Zeit still versteckt gehalten hatte. Er biß sie wieder. Mutter untersuchte den Biß, bestrich ihn mit Jod und sagte zu Mrs. Detweiler, es sei nur eine Schramme.

«Er hat Sie nur gestoßen», sagte sie. Aber Mrs. Detweiler verließ das Haus in einer garstigen Gemütsverfassung.

Viele Leute zeigten unseren Terrier der Polizei an, aber mein Vater hatte zu jener Zeit eine öffentliche Stellung und stand sich gut mit der Polizei. Trotzdem kamen die Polizisten einige Male – einmal als Muggs Mrs. Rufus Sturtevant gebissen hatte, und dann als er den Gouverneur

Malloy biß. Aber Mutter sagte ihnen, daß es nicht Muggs' Schuld, sondern die der Leute gewesen sei, die gebissen worden waren.

«Wenn er auf sie losspringt, schreien sie», erklärte sie, «und das bringt ihn auf.» Die Schutzleute schlugen vor, den Hund anzubinden, aber Mutter sagte, daß ihn das demütigen würde, und er fresse auch nicht, wenn er angebunden sei.

Muggs bot bei seinen Mahlzeiten einen ungewöhnlichen Anblick. Weil er biß, wenn man sich zur Erde bückte, stellten wir seinen Napf auf einen alten Küchentisch und setzten eine Bank davor. Muggs stand für gewöhnlich auf der Bank und fraß. Ich erinnere mich, wie Mutters Onkel Horatio, der immer prahlte, er wäre der dritte Mann auf dem Missionary Ridge gewesen, außerordentlich ungehalten wurde, als er merkte, daß wir den Hund auf dem Tisch fütterten, weil wir zu bange waren, seinen Teller auf den Boden zu stellen. Er sagte, er fürchte sich vor keinem Hund der Welt und er wolle den Napf auf den Boden stellen, wenn wir ihn ihm gäben. Roy sagte, Onkel Horatio wäre gewiß der allererste auf dem Missionary Ridge gewesen, wenn er vor der Schlacht dem Hund den Napf auf den Boden gestellt hätte. Onkel Horatio war außer sich. «Bring ihn herein! Bring ihn sofort herein!» schrie er. «Ich werde dem Biest den Napf auf den Boden stellen!» Roy wollte unbedingt, daß wir

ihm eine Chance geben sollten, aber Vater wollte nichts davon wissen. Er sagte, Muggs sei schon abgefüttert.

«Ich werde ihn noch mal füttern!» rief Onkel Horatio. Wir hatten genug zu tun, ihn zu beruhigen.

Sein letztes Lebensjahr verbrachte Muggs hauptsächlich draußen. Aus irgendeinem Grunde blieb er nicht mehr gern im Haus – vielleicht barg es zu viele unliebsame Erinnerungen für ihn. Jedenfalls war es schwierig, ihn dazu zu bewegen, ins Haus zu kommen. Die Folge davon war, daß die Müllabfuhr, der Eismann und der Wäschemann nicht mehr in die Nähe des Hauses kamen. Wir mußten den Müll bis an die Ecke schleppen, die Wäsche hintragen und wiederholen und den Eismann eine Straße weiter treffen. Nachdem das eine Weile so gegangen war, kam uns ein genialer Einfall, wie wir den Hund ins Haus kriegen konnten, so daß wir ihn wenigstens einsperren konnten, wenn die Gasuhr abgelesen wurde und dergleichen. Muggs fürchtete sich einzig und allein vor Gewittern. Donner und Blitz brachten ihn von Sinnen (ich denke mir, er fürchtete sich damals, als der Kaminsims herunterbrach, auch vor dem Ausbruch eines Gewitters). Dann rannte er ins Haus und versteckte sich unter dem Bett oder im Kleiderschrank. So bastelten wir denn eine Donnermaschine aus einer langen, schmalen Eisenplatte und einem hölzernen Griff an einer Seite. Dieses Ding schüttelte Mutter aus Leibeskräften, wenn sie Muggs ins Haus haben wollte. Das gab eine hervorragende Donner-Imitation; aber ich kann mir nicht helfen: es war wohl so ziemlich das anstrengendste System für die Haushaltführung, das je ersonnen wurde. Mutter mußte ordentlich ran. Einige Monate, bevor Muggs starb, fing er an, Geister zu sehen. Dann stand er langsam vom

Boden auf, knurrte leise und tappste steifbeinig und drohend auf ein Nichts zu. Manchmal war das Nichts gerade ein bißchen links oder rechts von einem Besucher. Einmal bekam ein Bürstenhändler einen hysterischen Anfall. Muggs stelzte ins Zimmer, wie Hamlet dem Geist seines Vaters folgte. Seine Augen waren auf eine Stelle direkt links von dem Bürstenmann gerichtet, der es so lange aushielt, bis Muggs drei langsame, kriechende Schritte von ihm entfernt war. Dann schrie er. Muggs wandelte, in sich hineinknurrend, an ihm vorbei in den Gang, aber der Bürstenhändler schrie weiter. Ich glaube, Mutter mußte ihn mit einem Topf kalten Wassers überschütten, bevor er aufhörte. So brachte sie auch uns Jungens immer auseinander, wenn wir uns rauften.

Muggs starb ganz plötzlich eines Nachts. Mutter wollte ihn in der Familiengruft unter einem Marmorstein beerdigen und eine Inschrift anbringen, etwa: «Himmlische Heerscharen singen dich zur Ruh.» Aber wir konnten sie überzeugen, daß das gesetzwidrig sei. Schließlich richteten wir einfach ein schlichtes Brett über seinem Grab auf, das an einem einsamen Weg liegt. Auf das Brett schrieb ich mit Tintenschrift: «Cave Canem.» Mutter war recht zufrieden mit der einfachen, klassischen Würde des alten lateinischen Epitaphs.

Wie soll ein Hund heißen

Alle paar Monate schreibt mir jemand und fragt mich, ob ich ihm einen Namen für seinen Hund vorschlagen will. In den letzten Jahren haben einige dieser Schreiber wissen wollen, ob ich etwas dagegen hätte, wenn sie ihren Spaniels meinen Namen gäben. Spanielbesitzer scheinen der Ansicht zu sein, daß jemand auf Hausfriedensbruch oder Verleumdung klagen kann, wenn sein Name ohne schriftliche Genehmigung einem Cocker-Spaniel gegeben wird. Ein Herr bestand sogar darauf, daß wir unsere diesbezügliche Korrespondenz über einen Notar führten. Solche Art Briefe lasse ich einfach hinter meinen Rollschreibtisch fallen, doch ist mir neulich aufgegangen, daß das ein Ausweichen ist, wenn nicht sogar einfach Feigheit. Deshalb habe ich mich entschlossen, die simple Wahrheit zu enthüllen, nämlich daß es mir genauso schwerfällt wie jedem anderen, einen Namen für einen Hund auszudenken. Die Auffassung, daß ich ein Fachmann auf diesem Gebiet bin, ist wahrscheinlich darauf zurückzuführen, daß ich vor einigen Jahren eine Geschichte geschrieben habe, in der ich unvorsichtigerweise zugab, in meinem Leben vierzig oder sogar noch mehr Hunde besessen zu haben. Das ist wahr, aber doch irreführend. Alle, mit Ausnahme von etwa fünf oder sechs, habe ich weggegeben, als sie noch klein waren, und ich habe mir nicht die Mühe gemacht, diesen vorübergehenden Hausgenossen Namen zu geben außer «Halt die Schnauze» und «Laß das» und «Gib her». Unter den Dingen, die mich erschüttern und erregen, nehmen Hundenamen ungefähr den 176. Platz ein. Sie sollten einem Hundeohr verständlich sein und nicht Nachbarn, Händler und gelegentliche Besucher amüsieren. An ein paar Hunde früherer Zeiten erinnere ich mich aber mit anhaltendem Vergnügen: an einen Bauernhund namens Regen, einen stromernden Airedale, genannt Marco Polo, einen weiblichen Bullterrier, der Brody hieß, weil er gern aus fahrenden Autos und Fenstern im dritten Stock sprang, und einen Pekinesen, der Darien hieß; aber das ist alles.

Poker ist auch noch da, alias Fantôme Noir, ein schwarzer Zwergpudel, den ich erst kennenlernte, nachdem ich den vorigen Absatz geschrieben hatte. Poker, der in der Familie nur Pokey genannt wurde, gehörte Mr. und Mrs. J. G. Gude aus White Plains, und als sie ihn in den Amerikanischen Hundeklub eintragen ließen, fanden sie, daß er einen würdigeren Namen verdiene. Das war ihrem jüngsten Sohn David nicht leicht zu erklären, und seine Eltern haben es ihm nie ganz begreiflich machen können. David, der erst acht Jahre alt war, überdachte das Problem eine lange Zeit und fragte dann seinen Vater ernsthaft: «Warum geht er denn nie den Klub, wenn er doch Mitglied ist?» Nachdem diese Geschichte schon geschrieben war, wurde mir noch von einem Schäferhund namens Jupiter erzählt, der dem Journalisten und Kritiker Jimmy Cannon gehörte, einem Mann, der auf Hundeschauen bekannt war. In einem seiner letzten Artikel erwähnte er, daß Jupiter Geranien zu fressen pflegte. Ich habe von anderen Hunden gehört, die Blumen fraßen, aber ich weigere mich, darüber erstaunt zu sein, bis ich von einem Hund höre, der Kapuzinerkresse verspeist.

Die einzigen Tiere, deren Namengebung Konzentration, harte Arbeit und Erfindungskraft erfordert, sind die Blindenhunde. Sie müssen ungewöhnliche Namen haben, weil Passanten mit Vorliebe Blindenhunden zurufen: «Hier, Sport», oder «Hei, Lumpi», «Laß dich nicht mit Falschgeld anschmieren, Rin Tin Tin». Der Hund eines Blinden mit einem gewöhnlichen Namen würde dauernd von seiner Arbeit abgelenkt werden. Ein Neuling im Namengeben könnte leicht den Fehler machen, die Namen populärer Männer auszuwählen, die wegen ihrer Ähnlichkeit mit abgegriffenen Zurufen in den Ohren des Hundes ganz alltäglich klingen. Vor zehn Jahren habe ich einen jungen Mann kennengelernt. Er war in den Zwanzigern und vor fünf Jahren auf rätselhafte Weise erblindet. Während dieser ganzen Zeit, auch in den Jahren seines Studiums an der Yale-Universität, war er von einem deutschen Schäferhund geführt worden. Plötzlich, eines Nachts, bekam der Hundebesitzer sein Augenlicht wieder und war innerhalb weniger Wochen imstande, die kleine Schrift im Telefonbuch zu lesen. Die Wirkung auf seinen Hund war fast katastrophal, er bekam eine Art Nervenzusammenbruch, denn diese Hunde werden in der Gewißheit erzogen, daß

ihre Besitzer für immer blind sind. Der Herr behielt natürlich seinen Hund, nachdem er sein Augenlicht wiedererlangt hatte, nicht nur, weil sie beide einander zugetan waren, sondern auch, weil der normale Blindenhund nicht von einem Menschen an einen anderen weitergereicht werden kann.

Vorhin sprach ich von jungen Hunden und

habe das Gefühl, daß ich unerfahrene Hundebesitzer, die zu ihrem Erstaunen und Schrecken ein Dutzend junger Hunde im Schrank des Flurs oder unter dem Fußboden der Scheune entdekken, davor warnen sollte, sie zu verschenken. Verkaufen oder behalten Sie sie, aber verschenken Sie sie nicht. 80% der Leute, denen man Hunde schenkt, bringen sie früher oder später zurück und werfen sie den widerstrebenden und unvorbereiteten früheren Eigentümern in den Schoß. Die Leute sagen, daß sie nach Florida gehen und den Hund nicht mitnehmen können oder daß er nicht mitgehen will; oder sie erklären, daß er Originalausgaben von Büchern oder Spitzenvorhänge oder Spinetts auffrißt, oder daß er nicht zu ihnen hält, wenn jemand einbricht, oder daß er im stillen abschätzige Bemerkungen über ihre Freunde macht. Auf jeden Fall bringen sie ihn zurück, und Sie haben ihn am Hals – und vielleicht noch sechs weitere. Wenn Sie aber 50 Mark für einen jungen Hund verlangen – oder auch nur 25 –, so wagen die neuen Besitzer nicht, ihn zurückzubringen. Sie haben Angst, ihr Geld zurückzuverlangen, weil sie glauben, Sie könnten annehmen, daß es ihnen schlechtgeht und sie vielleicht 50 oder 25 Mark brauchen. Außerdem benimmt sich ein Hündchen, das wegen seines schlechten Benehmens seinem früheren Herrn zurückgegeben wird, hinterher stets wundervoll, und derjenige, der es zurückgebracht hat, wird meistens als schwachsinnig oder nicht tierliebend oder als beides angesehen.

Um zum Ausgangspunkt unserer Erörterungen zurückzukehren: Es gibt so viele Möglichkeiten, Hundenamen zu erfinden wie einer Geige Töne zu entlocken. Sie reichen von so einfachen und schlichten wie Fleck, Sport, Rex, Brauner zu so anspruchsvollen wie Prinz Rudolf Hertenberg Gratzheim von Darndorf Putzelhorst und Liebling Nummer III vom Heiderosenbusch – Namen, erfunden von Erwachsenen, die, wie ich gehört habe, sich sonst in jeder Beziehung ganz normal benehmen. Außer der einfachen und der anspruchsvollen Sorte gibt es noch die zynische und die schüchterne. Zynische Namen werden von solchen Leuten gegeben, die Hunde nicht allzusehr lieben. Während des Krieges waren die meist verbreiteten zynischen Namen Mussolini, Tojo und Adolf. Ich bin nie weit gediehen in meiner Erforschung der Seelen von Leuten, die ihre Hunde Mussolini, Tojo und Adolf nennen, und das ist, glaube ich, darauf zurückzuführen, daß es mir unmöglich war, mit ihnen lange genug zusammen zu sein, um herauszufinden, was in ihren Köpfen vorgeht. Ich nicke und sage ihnen, wie spät es ist, wenn sie danach fragen, und das ist alles. Ich würde nie in einer Wahl für sie stimmen noch sie einladen, mit mir etwas zu trinken. Die schüchterne Kategorie ist wahrscheinlich die größte. Schüchterne Leute nennen ihre Hunde Tutti und Bibi und Sternchen und Süßi und Mausi und Puppi und Zuckerchen. An diesen Hundebesitzern gehe ich mit einem gräßlich festgefrorenen Lächeln im Hundetrab vorbei.

Dann gibt es noch eine besondere Unterabteilung der Schüchternen, die nicht ganz so schrecklich ist, aber noch schrecklich genug. Diese Leute, die wir die Witzigen nennen wollen, haben zwei Hunde, die sie Hoch und Tief, Nolens und Volens, Drunter und Drüber, Fix und Fertig, Krumm und Schief, Misch und Masch, Potz und Blitz, Pro und Contra rufen. Die Geheimnisvollen sind auch noch da. Sie wählen Namen aus privaten Gründen oder aus gar keinen Gründen – außer vielleicht, um die Neugierde des Besuchers zu erwecken, damit er ganz erstaunt fragt: «Warum heißt Ihr Hund bloß so?» Die Geheimnisvollen nennen ihre Hunde: Oktober, Meiers Tante, Der Doktor weiß es, Dreihundertfünfzehn, Dienstag, Bratkartoffel, Opus 38, Frag mich was und Danke fürs Nachhausebringen, Emil. Ich habe es mir zur Regel gemacht, solchen unglücklichen Hunden den Kopf zu tätscheln, an ihre Besitzer keine Fragen zu stellen und mich um meine eigenen Angelegenheiten zu kümmern.

Dieses Kapitel hat sich zu einer Geschichte ausgewachsen, die eigentlich heißen sollte: «Wie man einen Hund nicht nennen soll». Ich hatte das schon befürchtet. Es erscheint mir nur gerecht, das dadurch auszugleichen, daß ich ein paar Namen nenne, die ich meinen Hunden gegeben habe, mit beträchtlicher Unterstützung, wenn nicht sogar auf Veranlassung ihrer Herrin. Die meisten meiner Hunde sind Hündinnen gewesen, und sie haben mit offensichtlicher Freude auf solche Namen wie Jennie, Tessa, Julie und Sophie gehört. Niemals hatte ich eine Hündin, die Pamela, Jennifer, Clarissa, Jacqueline, Genoveva oder Shelmerdene geheißen hätte.

Vor ungefähr 15 Jahren, als ich nach einem Heim in Connecticut auf der Suche war, klopfte ich an die Tür eines reizenden Hauses, dessen Eigentümer es verkaufen wollte, wie mir mein Makler sagte, um nach Iowa zurückzugehen. Die Agentin, die mit mir herumfuhr, hatte mir mitgeteilt, daß der Besitzer dieses Hauses Stong hieß. Ein paar Minuten nach meiner Ankunft saß ich im Wohnzimmer bei einem Glas mit dem Schriftsteller Phil Stong – der war es nämlich. Später gingen wir in den Garten hinaus, und ich sah Mr. Stongs Spaniel. Ich rief dem Hund zu und schnippte mit den Fingern, aber er schien erstaunlicherweise verlegen, genau wie sein Herr. «Wie heißt er denn?» fragte ich Stong. Er war in der Falle und wußte sich nicht herauszuwinden. «Thurber», sagte er mit leiser und erschrockener Stimme. Thurber gab Pfötchen und schien mir nicht bedrückter als jeder andere Spaniel, den ich gesehen hatte. Er wirkte jedoch wie ein Junggeselle, der zu einer Gesellschaft geht, vor der er sich gern gedrückt hätte, und ich glaube, es muß diese Haltung gewesen sein, die Mr. Stong an den Hund erinnert hat, den ich zu zeichnen pflege. Der Hund, den ich zeichne, ist auf jeden Fall größer als ein Spaniel und nicht so langhaarig, und ich bekenne, obwohl ich kein Spaniel-Mann bin, daß es gewisse grundsätzliche Ähnlichkeiten zwischen meinem Hund und allen anderen Hunden mit langen Ohren und traurigen Augen gibt.

Vielleicht sollte ich zum mindesten einen Hundenamen vorschlagen, um den Titel dieses Kapitels zu rechtfertigen. Also gut denn, wie wäre es mit Stong? Es ist ein guter Name für einen Hund, kurz, bestimmt und wirksam. Ich empfehle ihn allen, die mir geschrieben und um Vorschläge gebeten haben, und all denen, die in diesem Augenblick daran denken, sich auf diesem schwierigen und verwirrenden Gebiet der Namensgebung um Rat an mich zu wenden.

Seitdem ich zum erstenmal diese nicht allzu wertvollen Regeln für Hundenamen niederschrieb, habe ich von mindestens einem Dutzend Dachshunden gehört, die Thurber hießen, von einem Neufundländer, der Bärchen Thurber, und einem Bluthund, der Tiffanys Thurber hieß.

Ich habe nichts gegen dies alles, solange die Thurber-Besitzer sie nicht zu Besuch in mein Haus in Connecticut bringen, ohne sich vorher anzumelden. Christabel, meine alte und gebieterische Pudelhündin, liebt keine unangemeldeten Hundebesucher und versucht, sie so schnell wie möglich aus dem Hause zu scheuchen. Vor zwei Jahren ging ein Hund aus Hartford in meiner Nachbarschaft verloren und erschien schließlich in meinem Hause. Er hatte in den letzten Tagen nicht viel, wenn überhaupt etwas gefressen, und wir fütterten ihn zweimal innerhalb von drei Stunden zur größten Wut und Empörung von Christabel, die nur einmal am Tage eine große Mahlzeit bekommt. Der Ausreißer wurde durch eine Anzeige im *Hartford Courant* seinem Besitzer zurückgegeben, und Stille senkte sich auf mein Haus, bis eines Nachts ein hübscher junger Collie auftauchte. Es dauerte eine ganze Weile, bis wir ihn aus dem Hause kriegten. Christabel wurde nicht müde, ihm zu erzählen, wie wundervoll es draußen war, und lief zur Tür, aber der Collie hatte kein Interesse. Ich versuchte ihn hochzuheben, aber ich bin zu alt, um einen ausgewachsenen Collie zu tragen. Schließlich löste Christabel das Problem von selbst dadurch, daß sie ihn nach draußen lockte mit dem Versprechen, ihn an einem der Knochen knabbern zu lassen, die sie vergraben hatte. Er kommt noch immer von Zeit zu Zeit, um uns zu besuchen, aber Christabel hat ihre Knochen an anderen Stellen verborgen. Sie spielt gewöhnlich mit dem jungen Besucher ungefähr 20 Sekunden herum, dann zeigt sie ihm die Zähne und schickt ihn nach Hause. Ich mische mich nicht in die Angelegenheit. Mein Haus ist schließlich seit vielen Jahren in Christables Obhut, und ich greife nie in die Haushaltsführung einer Frau ein.

Über das Familienleben der Hunde

Sobald eine Frau ihrem Mann ein Kind schenkt, erstarkt ihre Fähigkeit, sich Sorgen zu machen: sie hört mehr Einbrecher, riecht mehr Angebranntes und fängt im Theater oder beim Tanzen an, darüber nachzudenken, ob wohl ihr Mann seinen Dienstrevolver im Kinderzimmer liegengelassen hat. Auf Jahre hinaus bleibt das so. Während dann das Kind aufwächst, wird die ursprüngliche Hauptangst der Mutter – daß das Kind im Entbindungsheim mit einem anderen Säugling verwechselt worden sein könnte – von noch viel erhabeneren Zweifeln verdrängt: sie argwöhnt, das Kind sei nicht besonders helle, sie bezweifelt, daß es glücklich wird, und ist überzeugt davon, daß es später unter die unrechte Sorte von Menschen gerät. Diese elterliche Beharrlichkeit, das Leben den Kindern zu widmen, bleibt jahraus, jahrein bestehen; und das angesichts all dessen, was Hunde taten und tun, um zu beweisen, wieviel glücklicher die Beziehungen zwischen Eltern und Kindern sich entwickeln können, falls sie ohne Sentimentalität, Besorgtheit und Aufopferung gehandhabt werden. Natürlich ist es eine alte Theorie, daß Hunde ein gesünderes Familienleben als die Menschen führen; um nachzuprüfen, ob diese Auffassung reine Legende oder auf Beobachtung von Tatsachen gegründet sei, habe ich vier Jahre hindurch das Familienleben der Hunde sorgfältig studiert. Meine Schlüsse stützen eindeutig die Theorie, nach der die Hunde eben doch ein gesünderes Familienleben haben als wir.

Zunächst einmal entfernt sich der Hunde-Gatte, um auf eine Murmeltier-Jagdexpedition zu gehen, sobald wie irgend möglich, das heißt sehr bald – und kehrt nie zurück. Er schreibt nicht, er sorgt in keiner Weise für Pflege und Unterhalt seiner Familie und kann nicht einmal dafür gerichtlich belangt werden. Seiner Gattin ist es schnurz, wo er ist; sie denkt nie darüber nach, ob er wohl an sie denkt, und wenn sie auch beim leisesten Schritt auffahren kann, so tut sie das doch nicht aus einer Hoffnung wider alle Hoffnung, daß *er* es etwa sein könnte. Von keiner Hundedame ist je bekannt geworden, daß sie ihre Freunde gegen ihren Mann aufgehetzt oder Detektive auf seine Spur gesetzt hätte.

Dieser gleiche Mangel an Sentimentalität wird auch in der Beziehung der Hundemutter zu ihren Jungen bewahrt. Sechs Wochen lang – aber nur so lange! – kümmert sie sich hingebungsvoll um sie, nährt sie (was anzuziehen bringen sie sich mit), wäscht ihnen die Ohren, wehrt Katzen, alte Frauen und Wespen ab, die herumschnüffeln kommen, macht die Betten und rettet die Kleinen, wenn sie unter die Bodenbretter der Scheune gekrabbelt sind oder sich in einen alten Stiefel verirrt haben. All dies tut sie indessen

ohne viel Tamtam, ohne dieses laute und umständliche Theater, diese Ängstlichkeit und Aufregung, die eine Frau an den Tag legt, wenn sie ihrem Kind einen übertriebenen Dienst erweist.

Nach sechs Wochen hört die Hundemutter auf, nachts wachzuliegen und auf verdächtige Geräusche zu horchen; am nächsten Morgen nach dem Frühstück knurrt sie die Jungen an und jagt sie aus dem Haus: «Und zwar für immer», teilt sie ihnen knapp mit. «Ich muß mein eigenes Leben leben, ich habe Autos nachzujagen, Lieferjungens nach den Stiefeln zu schnappen, Kaninchen zu verfolgen. Ich kann nicht noch länger einen Haufen sechs Wochen alter Hunde waschen und füttern. Das ist endgültig vorbei.» Damit ist das Familienleben beendet, und die Mutter schlägt sich die Kinder – manchmal sind es bis zu elf auf einmal – ebenso leicht aus dem Kopf wie ihren Ehemann. Jetzt ist sie frei, sich ihrer Karriere zu widmen und den neuen und erstaunlichen Dingen des Lebens. In einem der Fälle hündischen Familienlebens beobachtete ich, daß die Mutter, eine große schwarze Hündin mit langen Ohren und aufgewecktem Lebensinteresse, das nur durch eine maßlose Furcht vor Schild- und anderen Kröten beeinträchtigt wurde, zehn Junge aus dem Hause warf – auf den Tag genau nach sechs Wochen; an einem Montag. Es war für meine Beobachtungen von Vorteil, daß diese Jungen keine andere Bleibe hatten; sie hatten noch keinerlei Pläne gefaßt. Sie strolchten also einfach um die Scheune herum und versuchten von Zeit zu Zeit, die Sache mit Mutter wieder ins reine zu bringen. Aber die lehnte es ab, auf irgendwelche Vorschläge einzugehen, die auf die Wiederaufnahme häuslicher Gemeinschaft abzielten, und machte fest entschlossen geltend, sie sei entsprechend ihrer natürlichen Neigung Fahrradjägerin und Herdfeuerwächterin, welche beiden Tätigkeiten durch die Anwesenheit von zehn Helfern in unerträglicher Weise gestört werden würden. Die Branche der Fahrradjagd sei sowieso überfüllt, erklärte sie, und in noch stärkerem Maße die Herdfeuerbewachung.

«Wir könnten aber doch zusammen Festumzüge jagen», schlug einer der Hunde vor, aber sie lehnte es ab, sich davon erweichen zu lassen, knurrte und trieb ihn fort.

Nur einige Wochen lang machen die ausgestoßenen Jungen bei ihrer Mutter Annäherungsversuche mit dem Ziel der Wiederherstellung des häuslichen Lebens. Nach Verlauf dieser Zeit erkennen sie, infolge eines mir noch nicht erklärlichen Wunders, plötzlich ihre Mutter nicht wieder, und sie erkennt sie auch nicht. Es ist, als wären sie sich nie begegnet; und das ist eine sehr gute Idee, da es für beide Parteien reinen Tisch macht und ihnen einen neuen Start ermöglicht. Einmal, einige Monate nach dem Zerfall dieser erwähnten Familie, deren Junge verkauft worden waren, wurde eins von ihnen, mit dem Namen Liza, zum Besuch ins «alte Nest» zurückgebracht. Die Hundemutter erkannte Liza natürlich nicht und biß sie prompt in die Hüfte. Sie mußten getrennt werden und brummelten beide etwas davon, daß man doch wirklich nie wissen könne, was für einer Sorte Hund man begegne. Nichts von einer dümmlichen, zärtlichen Wiedervereinigung, keine sentimentalen Tränen, keine bitteren Andeutungen über Vernachlässigung oder Vergeßlichkeit oder böswilliges Verlassen. Wird ein Hundejunges nicht verkauft oder verschenkt, sondern im gleichen Haushalt wie die Mutter aufgezogen, dann werden sich beide aufs erbittertste bekämpfen, manchmal zwanzig- oder dreißigmal am Tag, vielleicht vier Wochen lang. Für die Besitzer der Hunde ist das höchst anstrengend, besonders wenn sie Gefühlsduselanten sind, denen es Kummer macht, daß Mutter und Tochter sich nicht kennen. Schließlich klärt sich die Lage: die beiden lernen, einander gewähren zu lassen, und, abgesehen von einem gelegentlichen verhaltenen Grollen darüber, daß es auf der Welt offenbar wohl auch *solche* Hunde geben müsse, kommen sie ganz gut miteinander aus, wenn sich ihre Wege einmal kreuzen. Ich weiß von einer Hundemutter und ihrer halbwüchsigen Tochter, die manchmal den ganzen Tag gemeinsam Murmeltiere jagten, obwohl sie nicht miteinander sprachen. Ihre Verbindung war nicht gefühlsmäßiger, sondern praktischer Art und auf die Tatsache gegründet, daß die Murmeltierjagd zu zweit sicherer ist als allein. Diese beiden Hunde ziehen ohne ein Wort morgens los und kommen abends zusammen heim, ohne sich gute Nacht zu sagen, wenn sie sich trennen, einerlei, ob sie Glück gehabt haben oder nicht. Dies Umgehen von Abschiedsszenen, die immer gezwungen und manchmal schmerzlich wirken, ist ein weiterer Punkt, in dem mir die Hunde verständiger als die Menschen vorkommen. Na, eines Tages schien die Tochter, eine etwa zehn Monate alte Hündin, infolge einer Schnapsidee der Natur, die ich ebenfalls nicht klar durchschauen kann, auf ein oder zwei Augenblicke ihre Mutter wiederzuerkennen – nach all den Monaten des Vergessens. Sie hatten sich soeben auf die Jagd nach einem fetten Murmeltier gemacht, das im Obstgarten hauste; irgendwie geriet das Ohr der Tochter durcheinander – sie hatte lange Schlappohren.

«Mutter», sagte sie, «ich wollt, du gucktest mal nach meinem Ohr.» Auf der Stelle wurde die andere Hündin widerborstig und knurrte.

«Ich bin deine Mutter nicht», sagte sie, «ich bin Murmeltierjägerin.»

Die Tochter grinste: «Na ja», sagte sie, bloß um zu zeigen, daß sie's ihr nicht weiter übelnehme, «ist ja auch gar nicht mein Ohr – bloß ein Autohandschuh.»

Der Fall des weißen Kaninchens

(Wie die Leute, die Kriminalhörspiele verfassen, eine Geschichte für Kinder schreiben könnten.)

Fred Fuchs goß sich gerade einen Schuß Schnaps ein, als die Tür zu seinem Büro aufging und die alte Frau Karnickel hereinhopste. Sie war ein weißes Kaninchen mit rosa Augen, trug einen Schal um den Kopf und einen goldgeränderten Kneifer.

«Sie müssen Daphne finden», sagte sie mit Tränen in den Augen. Damit reichte sie Fred Fuchs das Foto eines weißen Kaninchens mit rosa Augen, das ihm genauso auszusehen schien wie jedes andere weiße Kaninchen mit rosa Augen.

«Wann ist sie denn abgehauen?» fragte Fred Fuchs.

«Gestern», sagte die alte Frau Karnickel. «Sie ist erst 18 Monate alt, und ich befürchte, daß irgendein abergläubisches Geschöpf sie wegen einer ihrer Pfoten umgelegt hat.»

Fred Fuchs drehte das Foto herum und steckte es dann in die Tasche. «Hat die Kleine einen heimlichen Schwarm?» fragte er.

«Ja», sagte die alte Frau Karnickel. «Franz Frosch, den widerlichen Besitzer der bekannten Lilienblatt-Bar.»

Fred Fuchs sprang in die Höhe. «Los, Oma»,

sagte er, «und tritt dir nicht auf die Ohren. Wir müssen schnell machen.»

Auf dem Wege zur Lilienblatt-Bar schlug sie ein derartiges Tempo an, daß Fred Fuchs alle Mühe hatte, mit ihr Schritt zu halten. «Daphne ist meine Ur-Ur-Ur-Ur-Enkelin, wenn ich mich recht erinnere», sagte die alte Frau Karnickel. «Ich habe neununddreißigtausend Nachkommen.»

«Das wird aber nicht einfach sein», sagte Fred Fuchs. «Vielleicht hättest du doch lieber zu einem Zauberer mit einem Hut gehen sollen.»

«Aber sie ist die einzige, die Daphne heißt», sagte die alte Frau Karnickel, «und sie hat allein mit mir auf meiner großen Karottenfarm gelebt.»

Sie kamen an ein breites Wasser. «Hops drüber!» sagte Fred Fuchs.

«Laß deine Zunge nicht ausrutschen, junger Mann», erwiderte bissig die alte Frau Karnickel.

Als sie an der Lilienblatt-Bar ankamen, schlug eine Löwenzahnuhr gerade zwölf Uhr mittags. Fred Fuchs drückte auf den Knopf an der großen grünen Tür, auf die eine weiße Wasserlilie gemalt war. Die Tür öffnete sich ein paar Millimeter, und Ben Ratte äugte heraus. «Mach, daß du wegkommst», sagte er, aber Fred Fuchs stieß die Tür auf, und die alte Frau Karnickel folgte ihm in einen kühlen grünen Hausflur, der gedämpft, aber bis in jede Ecke von Tausenden von Glühwürmchen erleuchtet war, die in hohlen Kristallgehängen eines riesigen Kronleuchters gefangen saßen. Zur Rechten führte eine mit grünen Läufern belegte Treppe nach oben, und am Fuße der Treppe war die Tür zur Garderobe. Geradeaus, am Ende des langen Flurs, befand sich die kühle grüne Tür zu Franz Froschs Büro.

«Mach, daß du wegkommst», rief Ben Ratte noch einmal.

«Drück dich höflich aus», sagte Fred Fuchs,

«oder ich packe euer Haus in eine Blechbüchse und versiegele sie. Wo ist der Quaker?»

«Ein Schnüffler kann sich nie verleugnen», brummte Ben Ratte. «In seinem Büro.»

«Mit Daphne?»

«Wer ist Daphne?» fragte Ben Ratte.

«Meine Ur-Ur-Ur-Ur-Enkelin», sagte die alte Frau Karnickel.

«Das ist zu alt für mich», schnarrte Ben Ratte.

Fred Fuchs öffnete die kühl-grüne Tür und ging in Franz Froschs Büro, hinterdrein die alte Frau Karnickel und Ben Ratte. Der Besitzer des Lilienblatts saß hinter seinem Schreibtisch im grünen Anzug, grünen Hemd mit grünem Schlips, grünen Socken und grünen Schuhen. Er trug eine Smaragd-Krawattennadel und sieben Smaragdringe.

«Wawiltu, Fuss?» quetschte er mit einer kalten, grünen, hohlen Stimme heraus. Seine Augen traten aus den Höhlen, und seine Kehle fing an, sich verdächtig aufzublähen.

«Der quakt aus dem letzten Loch», erklärte Ben Ratte.

«Unsinn», sagte Fred Fuchs, «der überlebt uns alle.»

«Godank», quakte Franz Frosch.

Ben Ratte starrte Fred Fuchs an. «Du solltest zur Bühne gehen», knurrte er.

«Wo ist Daphne», forschte Fred Fuchs.
«Werdaffe?» fragte Franz Frosch.
«Deine Karnickelliebste», sagte Fred Fuchs.
«Weinich», sagte Franz Frosch.

Fred Fuchs hob ein Cello in der Ecke auf und stellte es wieder hin. Es war zu leicht, um ein Kaninchen zu enthalten. Die Türglocke schlug an. «Ich sehe nach», sagte Fred Fuchs. Es war Oliver (Tut) Eule, ein berüchtigter Nachtschwärmer. «Was machst du hier zu dieser Stunde, Tut?» fragte Fred Fuchs.

«Ich versuche, blind zu werden, um es Ihnen zu gestehen», sagte Tut-Eule zögernd.

«Was gestehen?» schnappte Fred Fuchs zu.

«Was kannst du denn nicht rauskriegen?» fragte Tut-Eule.

«Das Verschwinden von Daphne», sagte Fred Fuchs.

«Wer ist Daphne?» fragte Tut-Eule.

Franz Frosch hüpfte aus seinem Büro in den Flur. Ben Ratte und die alte Frau Karnickel folgten ihm.

Die Treppe herunter vom zweiten Stock kam Langbein Storch, er hatte einen weißen Schal oder so etwas Ähnliches um und grinste albern.

«Na, Gott sei meiner Seele gnädig», sagte Fred Fuchs. «Da ist doch tatsächlich der alte Hebammerich persönlich! Was hast du mit Daphne gemacht?»

«Wer ist Daphne?» fragte Langbein Storch.

«Fuchs denkt, irgendwer hat Daphne Karnikkel umgelegt», sagte Ben Ratte.

«Ich könnte mich irren», sagte Fred Fuchs, «aber ich irre mich nicht.» Er riß eine der Türen zur Garderobe am Fußende der Treppe auf, und die Leiche eines weißen Kaninchenmädchens stürzte wie ein Pelzknäuel auf den kühlen grünen Teppich. Ihr Schädel war mit einem schweren, stumpfen Gegenstand eingeschlagen.

«Daphne!» kreischte die alte Frau Karnickel und brach in Tränen aus.

«Ich kann gar nichts erkennen», sagte Tut-Eule.

«Es ist ein totes weißes Kaninchen», sagte Ben Ratte. «Das kann jeder erkennen. Du bist dämlich.»

«Ich bin im Bilde», sagte Tut-Eule entrüstet. «Ich weiß alles.»

«Vabreen», klagte Franz Frosch. Er starrte zum Kronleuchter hinauf, seine Augen quollen hervor, und sein Riesenmaul war weit aufgeklappt. Alle Glühwürmchen gingen vor Angst aus.

Der kühle grüne Flur wurde stockdunkel. Jemand kreischte im Finstern, und es gab einen Plumps, als ob etwas Gefiedertes zu Boden fiele. Die Glühwürmchen gingen wieder an, um zu sehen, was es gäbe. Tut-Eule lag tot auf dem kühl-grünen Teppich, ihr Schädel war mit einem stumpfen Gegenstand eingeschlagen. Ben Ratte, Franz Frosch, Langbein Storch und Fred Fuchs starrten auf Tut-Eule. Auf dem kühl-grünen Teppich breitete sich langsam ein warmer roter Fleck aus, der von Tut-Eules Körper herrührte. Sie lag da wie ein Staubwedel.

«Mord!» quiekte die alte Frau Karnickel.

«Keiner verläßt diesen Flur», schnappte Fred Fuchs. «In diesem Klub läuft ein Mörder frei herum!»

«Ich bin nicht an den Tod gewöhnt», sagte Langbein Storch.

«Ruiniert!» stöhnte Franz Frosch.

«Er meint, er ist ruiniert», sagte Ben Ratte, aber Fred Fuchs hörte gar nicht zu. Er suchte einen schweren, stumpfen Gegenstand, aber es war keiner da.

«Durchsucht sie!» schrie die alte Frau Karnikkel, «jemand hat einen Totschläger oder eine sandgefüllte Socke oder etwas Ähnliches!»

«Tja», sagte Fred Fuchs. «Ben Ratte ist ein Totschläger – vielleicht hat ihn einer beim Schwanz gepackt und herumgeschleudert.»

«Du solltest zur Bühne gehen», knurrte Ben Ratte.

Fred Fuchs durchsuchte die Verdächtigen, aber er fand keine verborgene Waffe. «Du könntest sie mit dem Schal erwürgt haben», sagte Fred Fuchs zu Langbein Storch.

«Sie sind aber nicht erwürgt worden», sagte

Langbein Storch.

Fred Fuchs starrte Franz Frosch an. «Du könntest sie zu Tode erschreckt haben mit deinem häßlichen Gesicht», sagte er.

«Wanicht todschreckt», sagte Franz Frosch.

«Du hast recht», gab Fred Fuchs zu. «Das waren sie nicht. Wo ist die alte Frau Karnickel?» fragte er plötzlich.

«Ich habe mich hier versteckt», rief die alte Frau Karnickel aus der Garderobe. «Ich habe Angst.»

Fred Fuchs holte sie aus dem kühl-grünen Asyl und ging selbst hinein. Es war dunkel. Er tastete auf dem kühlen grünen Teppich herum. Er wußte nicht, wonach er suchte, aber er fand es – einen kleinen Gegenstand in einer fernen Ecke. Er steckte ihn in die Tasche und kam aus der Garderobe.

«Was hast du gefunden, Schnüffler?» fragte Ben Ratte anerkennend.

«Beweisstück A», antwortete Fred Fuchs leichthin.

«Einselbstrick dreh», stöhnte Franz Frosch.

«Er meint, daß sich einer selber den Strick dreht», sagte Ben Ratte.

«Das kann er gleich wiederholen», sprach Fred Fuchs, als sich die Vordertür auftat und Inspektor Dogge hereintrabte, gefolgt von Sergeant Dachshund.

«Ei, ei, schau mal, wer da hereinschnaubt», sagte Fred Fuchs.

«Was ist hier los?» bellte Inspektor Dogge.

«Ich hasse Privatdetektive», brummte Sergeant Dachshund.

Fred Fuchs grinste ihn an. «Was ist denn mit deinen Beinen unterhalb der Knie passiert, Freundchen?» fragte er.

«Halt die Schnauze», schnarrte Inspektor Dogge. «Ich kenne Ollie Eule, aber wer ist das 100-Mark-Ostergeschenk von Sarotti?» Er wandte sich an Fred Fuchs: «Wenn der Kopf dieser Kaninchendame abnehmbar ist und sie ist mit Bonbons gefüllt, bist du deine Polizeimarke los, Fuchs», knurrte er.

«Sie ist ein wirkliches Kaninchen, Inspektor», sagte Fred Fuchs. «Wirklich tot außerdem. Wie bist du denn auf die Spur gekommen?»

Inspektor Dogge heulte. «Der Sergeant glaubte, im Lilienblatt-Klub eine tote Ratte zu riechen», sagte er. «Falsch wie gewöhnlich. Wer ist dieses tote Kaninchen?»

«Sie ist meine Ur-Ur-Ur-Ur-Enkelin», schluchzte die alte Frau Karnickel.

Fred Fuchs steckte sich eine Zigarette an. «O nein, das ist sie nicht, mein Schätzchen», sagte er kalt. «Du bist ihre Ur-Ur-Ur-Ur-Enkelin.» Ein rosa Licht flammte in den Augen des lebenden Kaninchens auf. «Du hast die alte Dame umgelegt, damit du die Karottenfarm übernehmen kannst», fuhr Fred Fuchs fort, «und dann hast du Tut-Eule abgemurkst.»

«Ich bringe dich auch um, du Schnüffler», kreischte Daphne Karnickel.

«Leg ihr Handschellen an, Sergeant», bellte Inspektor Dogge. Sergeant Dachshund legte ein Paar Handschellen um die Vorderpfoten des toten Kaninchens. «Nicht ihr, du dummer Kerl», kläffte Inspektor Dogge. Es war zu spät. Daphne Karnickel war durch eine Fensterscheibe gesprungen und weggelaufen. Der Sergeant folgte ihr auf den Fersen.

«Alle weißen Kaninchen sehen in meinen Augen gleich aus», knurrte Inspektor Dogge. «Wie konntest du sie unterscheiden – an ihren Ohren?»

«Nein», sagte Fred Fuchs. «An ihren Jahren. Mit dem weißen Kaninchen, das bei mir erschien, konnte ich auf dem Wege zum Lilienblatt kaum Schritt halten, und keine alte Frau vermöchte so schnell zu laufen.»

«Gib nicht an», sagte Inspektor Dogge. «Schnelligkeit allein will nichts besagen. Was weiter?»

«Sie hat Ausdrücke verstanden, die ein altes Kaninchen nicht kennen würde», sagte Fred Fuchs, «wie zum Beispiel ‹abhauen› und ‹heimlichen Schwarm› und ‹drüberhopsen› und ‹Totschläger›.»

«Du kannst ein Kaninchen nicht wegen seines Wortschatzes aufhängen», sagte Inspektor Dogge. «Mehr Beweise.»

Fred Fuchs zog das Foto aus der Tasche. «Das weiße Kaninchen, das bei mir war, erzählte mir, daß Daphne 18 Monate alt wäre», sagte er, «aber lies mal, was auf der Rückseite des Bildes steht.»

Inspektor Dogge nahm das Foto, drehte es herum und las: «Daphne an ihrem 2. Geburtstag.»

«Ja», sagte Fred Fuchs. «Daphne hat sechs Monate von ihrem Alter heruntergeschwindelt. Du siehst, Inspektor, daß sie die Worte auf dem Bild nicht lesen konnte, weil die Brille, die sie trug, ihr nicht gehörte.»

«Einen Moment mal», knurrte Inspektor Dogge. «Warum hat sie Tut-Eule umgebracht?»

«Einfach, mein Lieber», sagte Fred Fuchs. «Tut-Eule lebt in einer Eiche, und Daphne hatte Angst, daß sie sie möglicherweise gestern abend gesehen haben könnte, als sie sich in den Klub einschlich und Oma hereinschleppte. Sie hat gehört, wie Tut-Eule sagte, ‹Ich bin im Bilde. Ich weiß alles›, und darum hat sie sie umgelegt.»

«Womit?» fragte der Inspektor.

«Mit ihrer rechten Hinterpfote», sagte Fred Fuchs. «Ich habe nach einer verborgenen Waffe gesucht, und dabei hat sie die ganze Zeit das schwere, stumpfe Instrument offen mit sich herumgetragen.»

«Aha, und was meinst du», rief Inspektor Dogge aus, «glaubst du, daß Tut-Eule sie tatsächlich gesehen hat?»

«Könnte sein», sagte Fred Fuchs. «Ich glaube allerdings, daß sie nur mit ihrer Weisheit ganz allgemein angegeben hat und keine besonderen Vorkommnisse im Auge hatte, aber deine Vermutung ist so gut wie meine.»

«Was hast du in der Garderobe aufgehoben?» quiekte Ben Ratte.

«Den letzten Faden zu dem Strick, an dem Daphne hängen wird», sagte Fred Fuchs. «Ich wußte, daß sie da nicht reingegangen ist, um sich zu verstecken. Sie ist hineingegangen, um etwas zu suchen, das sie gestern nacht verloren hat. Wenn sie Angst gehabt hätte, würde sie sich versteckt haben, als die Lichter ausgingen, aber sie ist hineingeschlüpft, nachdem die Glühwürmchen wieder aufgeflammt waren.»

«Das ist eine logische Schlußfolgerung», gab Inspektor Dogge zögernd zu. «Also, wonach hat sie gesucht?»

«Tja», sagte Fred Fuchs, «sie hat etwas fallen hören, als sie Großmama gestern nacht da hineingeschleift hat, und sie dachte, es wäre ein Knopf oder eine Schnalle oder eine Perle oder ein Armreif oder eine Brosche, die sie belasten könnten. Deshalb hat sie mich in den Fall hineingezogen. Sie konnte nicht allein hierherkommen, um danach zu suchen.»

«Na, und was war's, Fuchs?» fiel Inspektor Dogge ein.

«Eine Karotte», sagte Fred Fuchs und nahm sie aus der Tasche, «ist wahrscheinlich aus dem Beutel der alten Frau Karnickel herausgefallen, Ironie des Schicksals.»

«Noch eine Frage», sagte Inspektor Dogge. «Warum hat sie die Leiche in das Lilienblatt gebracht?»

«Ganz einfach», sagte Fred Fuchs. «Sie wollte den Verdacht auf den Quaker lenken, er ist ein wohlbekannter Schürzenjäger.»

«Binnich», brummte Franz Frosch.

«So, hier hast du es, Inspektor», sagte Fred Fuchs, «alles fix und fertig für dich zusammengepackt, mit Bändchen drumherum.»

Ben Ratte verschwand in einer Wand. Franz Frosch hüpfte in sein Büro zurück. «Allmächtiger Gott», schrie Langbein Storch. «Ich komme zu meiner Verabredung zu spät.» Er flog zur Tür und stieß sie auf.

Da stand Daphne Karnickel und trug den bewußtlosen Sergeant Dachshund herein. «Ich gebe auf», sagte sie, «ich ergebe mich.»

«Ist er tot?» fragte Inspektor Dogge hoffnungsvoll.

«Nein», sagte Daphne Karnickel, «er ist ohnmächtig geworden.»

Fred Fuchs beugte sich vor und deutete auf Daphnes linke Hinterpfote.

«Eulenfeder», sagte er. «Nimm sie hin, Inspektor.»

«Danke, Fuchs», sagte Inspektor Dogge. «Ich werde dir auch mal etwas zukommen lassen.»

«Gut, eine schöne, dicke Henne», sagte Fred Fuchs und trollte sich aus dem Lilienblatt.

Wieder in seinem Büro angekommen, diktierte Fred Fuchs seiner Sekretärin, Lura Fuchs, den Bericht über den Fall des weißen Kaninchens. «Punkt. Ende des Berichts», sagte er schließlich und spielte mit der smaragdenen Schlipsnadel, die er aus Franz Froschs Krawatte genommen hatte, als die Glühwürmchen ausgingen.

«Ist sie hübsch?» fragte Lura Fuchs.

«Daphne? Ein leckerer Bissen», sagte Fred Fuchs, «aber ich esse Kaninchen lieber gekocht, und ich fürchte, die kleine Daphne wird auf dem elektrischen Stuhl rösten.»

«Aber sie ist so jung, Fred!» schrie Lura Fuchs auf. «Erst 18 Monate alt.»

«Du hast nicht aufgepaßt», sagte Fred Fuchs.

«Wieso weißt du, daß sie nicht an Franz Frosch interessiert war?» fragte Lura Fuchs.

«Ganz einfach», sagte Fred Fuchs. «Falsche Rasse.»

«Was ist aus den Bonbons geworden, Fred?» fragte Lura Fuchs.

Fred Fuchs starrte sie an. «Was für Bonbons?» fragte er verständnislos.

Lura Fuchs brach plötzlich in Tränen aus. «Sie war so weich und warm und herzig, Fred», klagte sie.

Fred Fuchs goß sich ein Glas Korn ein, trank es langsam aus, setzte das Glas nieder und seufzte grimmig. «Übles Geschäft», sagte er.

Momentaufnahme eines Hundes

Neulich, als ich in alten Sachen kramte, fiel mir ein verblaßtes Foto von ihm in die Hände. Er ist jetzt 25 Jahre tot. Er hieß Rex – meine beiden Brüder und ich hatten ihn so getauft, als wir zwischen 10 und 15 waren – und war ein Bullterrier. «Ein amerikanischer Bullterrier», sagten wir immer sehr stolz; «keine von euern englischen Bulldoggen da.» Über dem einen Auge hatte er einen braunen Fleck, wodurch er einen manchmal an einen Politiker mit Melone und Zigarre erinnerte. Im übrigen war er weiß, mit Ausnahme eines braunen Sattels, der ständig herunterzurutschen schien, und eines braunen Strumpfs am Hinterlauf. Trotzdem hatte er etwas Edles; er war groß, muskulös und prachtvoll gebaut. Niemals verlor er seine Würde, selbst dann nicht, wenn er die ausgefallenen Aufgaben zu lösen versuchte, die meine Brüder und ich ihm zu stellen pflegten. Eine davon bestand darin, eine drei Meter lange Holzstange durch das hintere Tor in den Hof zu bringen. Wir warfen sie auf den Gartenweg draußen und sag ten ihm, er solle sie holen. Rex war stark wie ein Ringkämpfer, und es gab nicht vieles, was er nicht irgendwie mit seinen gewaltigen Kiefern zu packen, aufzunehmen und dahin zu schleppen versuchte, wo er oder wir es gerade hin haben wollten. Er schnappte die Stange so, daß er sie im Gleichgewicht hatte, nahm sie glatt vom Boden auf und trottete höchst zuversichtlich auf das Tor zu. Da es aber nur etwas über einen Meter Weite hatte, konnte er sie nicht quer durchkriegen. Nachdem er ein paarmal furchtbar dagegengeschlagen war, hatte er's heraus, daß es nicht ging, gab aber nicht nach. Schließlich kam er dahinter, wie es zu machen wäre, nämlich indem er die Stange an einem Ende packte und sie dann knurrend so hineinschleppte. Diese Arbeit machte ihm viel Spaß und befriedigte ihn sehr. Wir wetteten immer mit anderen Jungens, die Rex noch nicht bei der Arbeit gesehen hatten, daß er auch einen Baseball fangen könnte, den sie so hoch werfen könnten, wie sie wollten. Fast niemals hat er uns enttäuscht. Er konnte einen Baseball so bequem in der einen Backentasche seines Mauls halten, als wäre er ein Priem.

Rex war ein wilder Raufer, fing aber nie von selber an. Ich glaube nicht, daß er gern in Keilereien geriet, obwohl er tatsächlich von Raufern abstammte; er ging anderen Hunden niemals an die Kehle, sondern kriegte sie beim Ohr (das war ein Denkzettel für sie), schnappte zu und hielt mit geschlossenen Augen fest. Manchmal stundenlang. Seine längste Rauferei hat eines Sonntags einmal vom Einbruch der Dämmerung bis in die pechschwarze Dunkelheit gedauert. Sie ist in der East Main Street in Columbus mit einer mächtigen bissigen Promenadenmischung ausgefochten worden, die einem Farbigen gehörte. Als Rex endlich seinen Ohrgriff angewendet hatte, wurde aus dem kurzen Wirbel von Geknurre ein Angstgejaule. Es konnte einem beim Anhören und Zusehen Angst werden. Irgendwie schnappte sich der Neger dann mutig die beiden Hunde und fing an, sie sich um den Kopf zu wirbeln; schließlich ließ er sie wie beim Hammerwurf lossausen, aber obgleich sie drei Meter entfernt mit einem großen Plumps landeten, ließ Rex doch nicht locker. Die beiden sind dann in die Mitte der Fahrbahn geraten, und nach einiger Zeit haben zwei oder drei Straßenbahnen wegen des Kampfes halten müssen. Ein

Wagenführer versuchte, Rexens Kiefer mit einem Stück Kabel aufzustemmen; jemand steckte ein Feuer an, setzte einen Stock in Brand und hielt ihn Rex an den Schwanz – aber er nahm davon keine Notiz. Schließlich waren alle Anwohner und Ladeninhaber der Nachbarschaft versammelt und empfahlen schreiend dies und jenes. Rexens Rauflust war, sobald die Keilerei einmal im Gange war, fast gelassen; er hatte dann so etwas wie einen freundlichen Ausdruck, keinen bösartigen, und Augen, die man für schlafend hätte halten können, wenn nicht der Aufruhr des Kampfes gewesen wäre. Schließlich mußte nach der Feuerwache in der Oak Street geschickt werden – ich weiß nicht, warum niemand früher darauf kam. Fünf oder sechs Löschzüge erschienen, gefolgt vom Oberbranddirektor. Ein Schlauch wurde angeschlossen und dann ein gewaltiger Wasserstrahl auf die Hunde gerichtet. Einige Augenblicke hielt Rex noch fest, während der Strudel ihn herumbeutelte wie einen Holzstamm im Wildwasser. Als er endlich losließ, war er 150 Meter von der Stelle entfernt, an der die Rauferei begonnen hatte.

Die Geschichte dieser homerischen Schlacht machte die Runde durch die ganze Stadt, und einige unserer Verwandten sahen das Ereignis als einen Fleck auf der Familienehre an. Sie bestanden darauf, daß wir Rex abschaffen müßten, aber wir waren glücklich mit ihm, und niemand hätte uns dazu gebracht, ihn aufzugeben. Eher hätten wir mit ihm zusammen die Stadt verlassen, einerlei wohin. Vielleicht wäre es etwas anderes gewesen, wenn er jemals selbst zu raufen angefangen hätte oder auf Keilereien ausgewesen wäre. Aber er war liebenswürdig veranlagt. Niemals hat er in den zehn anstrengenden Jahren seines Daseins einen Menschen gebissen, nicht einmal angeknurrt, Strolche ausgenommen. Katzen brachte er allerdings um, aber schnell und sauber und ohne besondere Bosheit, so wie Menschen manche Tiere töten. Es war das einzige, was wir ihm niemals abgewöhnen konnten. Er hat nie ein Eichhörnchen getötet oder auch nur gehetzt; warum, weiß ich nicht – in derlei Dingen hatte er seine eigene Philosophie. Hinter Wagen oder Autos lief er niemals bellend her. Er schien nicht einzusehen, wozu man hinter etwas herrennen sollte, das man nicht fangen oder mit dem man doch nichts aufstellen konnte, selbst wenn man's fing. Ein Wagen gehörte zu den Dingen, die er nicht mit seinen mächtigen Kiefern fortzerren konnte, und das wußte er. Infolgedessen gehörten Wagen nicht zu seiner Welt. Schwimmen war seine Lieblingserholung. Als er zum erstenmal ein richtiges Gewässer, den Alumfluß, sah, trottete er eine Weile nervös die steile Böschung entlang, verfiel in wildes Gebell und stürzte sich schließlich von einer Höhe von zweieinhalb Meter oder mehr hinein. Ich werde mich immer an diesen sauberen ersten Sprung erinnern. Dann schwamm er flußabwärts und wieder zurück, bloß so zum Spaß, ganz wie ein Mensch. Es war köstlich, ihn gegen die starke Strömung kämpfen zu sehen, wie er strampelnd und knurrend stoßweise vorankam. Er amüsierte sich im Wasser so gut wie irgendwer, den ich kenne. Einen Stock brauchte man ihm nicht erst hineinzuwerfen, um ihn hineinzubekommen; wenn man einen warf, brachte er ihn natürlich zurück – er würde auch ein Klavier apportiert haben, wenn man eins hineingeworfen hätte.

Das erinnert mich an eine Nacht – lange nach zwölf, in der er im Mondenschein herumstromerte und eine kleine Kommode mitbrachte, die er irgendwo gefunden hatte – wie weit vom Haus entfernt, hat man nie erfahren; da Rex sie brachte, konnte es gut eine halbe Meile weit weg gewesen sein. Als er sie schließlich dahatte, waren keine Schubladen drin, und viel taugte sie auch nicht; er hatte sie nicht aus irgendeinem Haus geholt – es war bloß ein ganz altes dürftiges Stück, das jemand auf den Schutthaufen geworfen haben mußte. Und doch war's etwas, das er haben wollte, vermutlich, weil es eine hübsche Transportaufgabe darstellte, die sein Können reizte. Wir erfuhren von dieser Leistung erst, als wir mitten in der Nacht hörten, wie er versuchte, die Kommode auf die Vorderveranda heraufzubekommen. Es klang, als machten sich drei oder vier Leute daran, das Haus einzureißen. Wir kamen herunter und knipsten die Vorplatzbeleuchtung an. Rex war auf der obersten Treppenstufe und strengte sich an, das Dings hochzuziehen – es hatte sich aber irgendwo verfangen, und er selbst konnte sich gerade noch oben halten. Vermutlich würde er sich bis zum Morgen gehalten haben, wenn wir ihm nicht geholfen hätten. Am nächsten Tag fuhren wir die Kommode weg und warfen sie fort. Hätten wir sie an irgendeinem Weg in der Nähe abgeladen, dann würde er sie wieder nach Hause gebracht haben als einen kleinen Beweis seiner Rechtschaffenheit in derartigen Dingen. Letzten Endes – man hatte ihn ja gelehrt, schwere hölzerne Gegenstände herumzuschleppen, und er war stolz auf seine Bravour.

Froh bin ich, daß Rex niemals einen abgerichteten Polizeihund hat springen sehen. Er selbst war nur Amateurspringer, aber der tollkühnste und hartnäckigste, den ich je gesehen habe. Er nahm jeden Zaun, den wir ihm zeigten. 1,80 waren ihm ein leichtes, und er konnte auch 2,50 schaffen – indem er einen gewaltigen Satz machte und sich das letzte Stück mit den Pfoten hinüberstemmte, stöhnend und mit großem Kraftaufwand. Aber er hat gelebt bis an sein Ende, ohne zu wissen, daß drei bis vier Meter hohe Mauern zu viel für ihn waren. Oft haben wir ihn gewaltsam nach Hause tragen müssen, wenn wir ihn wieder einmal einen solchen Versuch hatten machen lassen. Von selbst hätte er das Probieren nicht aufgegeben.

In seiner Welt gab es nichts Unmögliches. Selbst der Tod konnte ihn einfach nicht niederschlagen. Er starb zwar, aber erst – wie einer seiner Bewunderer gesagt hatte –, nachdem er sich den Todesengel mehr als eine Stunde lang auf Armeslänge vom Leib gehalten hatte. An einem Spätnachmittag kam er nach Hause geschlichen, zu langsam und zu unsicher auf den Beinen, um noch der Rex sein zu können, der munter zehn Jahre lang unseren Gartenweg zum Haus heraufgetrottet war. Ich glaube, als er durch das Tor kam, wußten wir alle gleich, daß er am Sterben war. Offenbar hatte jemand ihn furchtbar verprügelt, wahrscheinlich der Eigentümer eines Hundes, mit dem er ins Raufen gekommen war. Sein Kopf und der ganze Körper waren mit Wunden bedeckt; das schwere Halsband mit den Bißnarben vieler Kämpfe war zerrissen, und einige der Messingknöpfe waren vom Leder gesprungen. Er leckte uns die Hände, strauchelte und fiel hin, stand aber wieder auf. Wir konnten sehen, daß er nach jemand suchte. Einer seiner drei Herren war nicht zu Hause – und blieb auch noch eine Stunde lang fort. Während dieser Stunde kämpfte der Bullterrier gegen den Tod, wie er gegen die kalte Strömung des Alumflusses und um die drei Meter hohe Mauer gekämpft hatte. Als der Erwartete dann wirklich pfeifend durchs Tor eintrat und dann aufhörte zu pfeifen, tat Rex ein paar schwankende Schritte auf ihn zu, berührte seine Hand mit der Schnauze und fiel um. Diesmal stand er nicht mehr auf.

Josephines großer Tag

Dickinsons junger Hund war ein Versager: Ein Bullterrier, ein Weibchen und ein Versager. Sie hatte noch ihr ganzes Leben vor sich und hatte plötzlich angefangen abzunehmen.

«Sie verschmachtet», sagte Dick, «wie eine Dame des viktorianischen Zeitalters, deren Kavalier hinwegritt und niemals wiederkehrte.»

«Nein», sagte Ellen, «sie ist absolut nicht romantisch. Sie sieht aus wie ein Dienstmädchen, das beim Stehlen einer Brosche erwischt worden ist.»

Das Versagen in geistiger wie körperlicher Beziehung war unerklärlich. Vor drei Wochen noch war das Hündchen strahlend, lebhaft und rund gewesen. Ellen, die es in einer Vogelhandlung entdeckt hatte, wo es den giftgrünen Schwanz einer entrüsteten Papageiendame ankläffte, nannte es Pummelchen und Humpel-Pumpel.

So hatte eins zum anderen geführt. Sie hatte ihre ursprünglichen Absichten, einen Scotchterrier zu kaufen, vorübergehend vergessen, den Frevel, daß es ein Weibchen und ein Bullterrier war, milde beurteilt und schließlich die Kleine erworben. Und nun war sie in ihr Sommerhaus in den Adirondacks geschickt worden, in Schwermut und Schwefel gehüllt, der Schatten ihres früheren Selbst. In der ersten Stunde ihrer Ankunft saßen sie finster über sie zu Gericht.

«Vielleicht ist es nur, weil sie wächst», sagte Dick voll Hoffnung.

«Ein Idiot könnte sehen, daß sie zusammenschrumpft», sagte Ellen. «Natürlich, du wolltest ja einen Bullterrier haben.»

«Ich halte sie jetzt gar nicht mehr für einen Bullterrier», sagte Dick.

«Jedenfalls war sie ein Bullterrier. Und noch dazu ein Weibchen! Warum waren wir bloß so auf sie versessen?»

«Du hast sie ein kleines Pummelchen genannt», murmelte Dick.

«Und du hast sie gekauft», erwiderte Ellen.

«Na schön, ich nehme an, sie muß etwas zu fressen bekommen. In der Kiste, in der sie angekommen ist, war überhaupt nichts zu fressen.»

Sie beugte sich nieder und nahm das Hündchen auf. Jetzt, wo es so dünn war und seine viel zu weite Haut so faltig, machte der merkwürdige schwarze Rand um seine Augen und Kiefer den Eindruck tiefster Melancholie.

Das Hündchen leckte nur zweimal bedrückt an dem milchgetränkten Brot, das ihm geboten wurde, und wackelte dann zum Ofen im Wohnzimmer hinüber, drehte sich unsicher dreimal herum und schloß mit einem pessimistischen Seufzer die Augen.

«Na schön, sie ist ein nettes Hündchen», sagte Dick gnädig und stand auf, um ihm nachzugehen. «Jawohl, ein nettes Hündchen.» Aber seine Frau griff ein.

«Das darfst du nicht tun», warnte sie. «In dem Buch über junge Hunde heißt es, daß man sie nicht in ihren normalen Schlafenszeiten stören darf.» Frau Dickinson hatte ein reizendes Buch über junge Hunde gekauft, das mit Bildern von klugen und lebhaften Hündchen illustriert war.

Als sie zu Bett gingen, schlief das Hündchen sanft auf einem Lager, das sie ihm in der Küchenecke zurechtgemacht hatten. Es war offenbar froh, sich nach der langen Schüttelreise auszuruhen. Diese Freude hielt jedoch nicht die ganze Nacht vor. Als die Sterne noch glänzten, wurden die Dickinsons durch ein lärmendes Kläffen aus dem Schlaf gerissen, ein wunderbar kräftiges und heiteres Kläffen für so ein verzagtes Hündchen.

«Großer Gott», stöhnte Dickinson. «Was ist denn das?»

«In den ersten paar Nächten kläffen sie immer», sagte seine Frau schlaftrunken.

«Steht nichts in dem Buch darüber, daß sie uns nicht während der Schlafenszeit stören dürfen?» forschte Dickinson. «Meinst du, ich sollte aufstehen und sie zum Schweigen bringen?»

«Nein. Das würde sie nur dazu ermutigen, jedesmal, wenn sie heult, auf Verständnis zu hoffen, und wenn man ihnen so ihren Willen läßt, bekommen sie bald die Oberhand.»

«Wenn sie so weitermacht, wird sie die sowieso bekommen», brummte Dick und stopfte sich die Ecken seines Kissens in die Ohren. «Die Nationalvereinigung der jungen Hunde wird wohl den Mann beauftragt haben, dieses Buch zu schreiben.»

Als Dickinson am nächsten Morgen hinter seiner Schreibmaschine saß, fühlte er seinen Geist langsam, aber unnachgiebig von der notwendigen Konzentration auf seine Arbeit abgelenkt. Irgend etwas drang wie ein regelmäßiger, entfernter Trommelschlag an sein Gehirn. «Komm, komm, komm.»

Es war die Stimme seiner Frau, die die Abgeschiedenheit seines Denkens durchbrach. Allmählich mischte sich ein Ton von Verzweiflung hinein. Das leicht schnarrende Geräusch eines Körpers, der über den Boden gezerrt wurde, folgte. Dann kamen mehr «Komms», dann Stille und mehr Scharren. Dann sehr beharrlich «komm», aber kein Scharren mehr.

«Ist er tot, Liebste?» rief Dick hoffnungsvoll.

Seine Frau trat ein und trug das traurig aussehende und immer noch vom Schwefel safrangelb gefärbte Hündchen. Dick vermutete, daß es mit Schwefel überstäubt worden war, um es vor Ungeziefer zu bewahren.

«Sie macht einen apathischen Eindruck», sagte Frau Dickinson.

«Meinst du, daß sie vielleicht die Kleinste aus dem Wurf war? Das Buch meint, man soll die Knirpse meiden.»

«Napoleon war ein Knirps», bemerkte Dick weise.

«Ja, aber nicht von einem Wurf», antwortete seine Frau.

«Bei Gott», rief Dick plötzlich. «Ich habe jedenfalls einen Namen für sie! Wir werden Sie Josephine nennen!»

«Josephine?»

«Ja. Nach der Frau Napoleons, des berühmten Knirpses. Sie ging gut an, aber fiel dann sozusagen total ab.»

Frau Dickinson ließ sich müde in einen Sessel fallen und setzte das Hündchen auf den Boden. «Den ganzen Morgen habe ich versucht, dies Wesen an mich zu locken, aber sie sitzt einfach da und starrt mit diesem verdammten Stirnrunzeln auf den Boden.»

«Vielleicht will sie eben nicht kommen», sagte Dick.

«Das ist kein Grund, es nicht zu tun. Das Buch sagt, es ist fast ganz gewiß – warte mal, ich lese es dir vor.» Sie öffnete das Hundebuch, das sie in der Hand hielt. «Hier: Es ist mit Sicherheit anzunehmen, daß Sie während der allerersten Lektion unerwartet entzückt sein werden, wenn beim Herumtollen plötzlich ihre Intelligenz einsetzt, und Sie werden feststellen, daß ihnen Ihr Wort zum Befehl wird.»

Sie beobachteten, wie der kleine Hund den Teppich mit Aufmerksamkeit, aber ohne Neugierde betrachtete.

«Regelwidriges kleines Biest», sagte Dick gedankenvoll. «Sieh mal, wie sie das Muster des Teppichs mit ihrer Pfote nachzeichnet. Es ist ein sicherer Beweis des nahenden Endes.»

«So ein Glück haben wir nicht», sagte Ellen mit leichter Bitterkeit.

Dick beugte sich etwas näher zu dem Hündchen hinunter. «Josephine», rief er laut und bestimmt. Das Hündchen sah zu ihm auf, wie eine kleine alte Dame im Zug, in ständiger

Angst, an ihrer Station vorüberzufahren, auf ihre sorglosen Reisegenossen blicken mag. «Sie weiß auf jeden Fall ihren Namen, und wenn sie nicht so ein bedrücktes Gemüt hätte, würde sie intelligent herumtollen, oder was immer sie tun.»

«Oh, ich glaube nicht, daß sie überhaupt Gemüt hat», rief Frau Dickinson gereizt. «Aber hier – das Buch sagt, daß Ruhe, Duldsamkeit und Selbstbeherrschung wesentlich für die Erziehung eines Hündchens sind.»

«Das Buch sagt aber eine ganze Menge für ein so kleines Buch.»

«Und für ein so kleines Hündchen», sagte seine Frau zornig, nahm Josephine auf und trug sie ins Freie.

Die Tage gingen dahin, und Josephine schien das Stigma des Knirpses so wörtlich zu nehmen wie eine Sache, die man inbrünstig erfüllen mußte. Sie blieb körperlich unentwickelt und, wie Frau Dickinson erklärte, auch geistig. Während ihrer Unterrichtsstunden lehnte sie es mit hartnäckiger Gleichgültigkeit ab, sich nach den Regeln des Hundebuches zu benehmen. Das fröhliche Unternehmen des «Such» schien in ihr keinerlei Gefühle zu wecken, außer vielleicht ein unbestimmtes Verwundern, warum das Stück zusammengerollten Papiers so oft umhergeworfen wurde.

An einem kalten regnerischen Morgen gaben die Dickinsons schließlich auf. Sie besaßen nun die Kaiserin seit über drei Wochen, und ihre Lieblingsbeschäftigung bestand darin, neben dem Ofen zu sitzen, niedergeschlagen die Stirn zu runzeln und zu zittern. Einmal wühlte sie mit der Pfote die kalte Holzasche um. Das war aber auch alles.

«Wir wollen sie irgendeiner Familie hier schenken», sagte Dick schließlich. «Die haben alle eine Menge Kinder, die sie mit Begeisterung besitzen würden.»

«Ja, und sie haben alle eine Menge Hunde», sagte Ellen, «große, männliche, glückliche Hunde. Außerdem wollen alle hier auf dem Lande nichts anderes als Jagdhunde.»

«Ich denke doch, daß wir eine Familie finden könnten, die sie nehmen möchte. Vielleicht Leute, deren Hund gestorben ist.»

«Jeder hat zwei oder drei Hunde. Die sterben nicht alle gleichzeitig.»

«Sie könnten», sagte Dick voll Hoffnung. «Sie könnten mit einem Gewehr gespielt haben, ohne zu wissen, daß es geladen war.»

«Keiner würde einen Knirps beachten, einen weiblichen Sonstwas. Sie würden lachen, wenn sie uns mit ihr umhergehen sehen.»

«Wir werden nicht gehen – wir werden Blanchards kleinen Wagen mieten und herumfahren und uns nach einem neuen Heim für sie umsehen», sagte Dick, seinen Plan weiter ausbauend.

Am nächsten Morgen, der mit vielversprechender Sonne anbrach, zogen sie mit Josephine los, dem verdammten Hündchen, das nicht wachsen und nichts lernen wollte und das in Schrecken vor dem Wind zitterte und die Stirn in Falten zog. Meilenweit hatte jedes Haus, an dem sie vorbeikamen, einen Jagdhund oder zwei oder drei große Hunde mit riesigen Pfoten und langen Ohren, die auf dem Grundstück herumschnüffelten. Als sie jedoch auf einem schmutzigen Seitenweg endlich ihr Glück versuchten, bemerkten sie ein kleines braunes Haus am Abhang eines Hügels, aus dessen Umgebung kein Trauergeheul ertönte.

Dick hielt den Wagen ein wenig entfernt an der Straße an, nahm das Hündchen in den Arm und stieg aus. Dann blieb er stehen. Die strahlende Sonne hatte sich mit einem Zug der schnell herannahenden dunklen Wolken verhüllt, die auf den nördlichen Hügeln im Frühling erscheinen. Es fing an zu regnen. Dick stellte den Kragen seines Mantels auf.

«Was für einen Grund soll ich angeben, daß wir sie nicht haben wollen?» fragte er seine Frau.

«Oh, benimm dich großherzig», lachte sie ermutigend. «Sie mögen denken, du bist der Weihnachstmann.»

Aber Dicks Vertrauen in seinen eigenen Plan schmolz schnell im Regen dahin, während er das kummervolle und zitternde Hündchen zur Tür des schweigenden, verwitterten Hauses trug. Als er an dem blaugrauen Briefkasten angekommen war, den Wind und Regen schief und krumm geschlagen hatten, fing das Hündchen an, sich ganz eigenartig zu benehmen. Sein Inneres, wie Dick später beschrieb, ging auf und nieder. Er wandte sich um und trug Josephine schnell zu Frau Dickinson zurück.

«Sie stirbt», sagte er und reichte sie seiner Frau.

«Dummchen, sie hat einen Schluckauf», sagte Ellen. «Den überwindet sie. Das macht nichts.»

«Keine anständige Familie möchte einen Hund mit Schluckauf», sagte Dick bestimmt.

Sie entschieden sich also zu warten, bis die Anfälle vorüber seien. Es dauerte ungewöhnlich lange. Josephine zeigte sich hochbefähigt im Schluckauf. Wenn eine so lange Pause eintrat, daß man hoffen konnte, es sei zu Ende, war der nächste Schluckauf so heftig, daß er drohte, sich bis in die Unendlichkeit auszudehnen. Schließlich klopfte Dick entschlossen die Asche aus seiner Pfeife, stieg aus dem Wagen und holte Josephine nach. Er setzte sie auf den Weg. Dann sprang er plötzlich auf sie zu und bellte.

Das Hündchen stürzte in einen Graben am Wegrand und kehrte das Innere der Ohren in unterwürfigem Schrecken flach nach außen. Dick eilte ihr nach und rettete eine sehr nasse und sehr schmutzige Josephine.

«Hast du den Verstand verloren?» rief seine Frau. Aber Dickinson hielt Josephine hoch und untersuchte sie sorgfältig. Sie hatte keinen Schluckauf mehr.

«Weiß Gott», sagte er, «solche Hausmittel sind ein Segen.»

Er ging wieder auf das Haus zu, voller Energie, den Hund unter dem Arm. Nach einer Weile öffnete sich die Tür, an die er behutsam geklopft hatte, gerade weit genug, um das harte, magere Gesicht einer Frau sichtbar werden zu lassen.

«Na, was wollen Sie», knurrte sie unheilverkündend. Josephine knurrte ebenfalls unheilverkündend.

«Ich – wir –» fing Dick an. «Das heißt... hm oh... können Sie mir sagen, wie weit es bis Dale ist?»

Dale war die Stadt, in deren Außenbezirk die Dickinsons wohnten, die Stadt, aus der sie gerade gekommen waren. Die Frau wies mit dem Daumen in die Richtung.

«Zwei Meilen», grunzte sie.

Josephine knurrte. Die Frau knallte die Tür zu. Dick ging zu seiner Frau zurück.

«Sie hat gesagt, ihr Mann will keinen Hund im Haus haben», sagte er ihr. «Anscheinend ist sein Vater mal von einem gebissen worden, und alle Söhne haben seine Angst geerbt.»

Die freundlich aussehende Dame, die im nächsten Haus an der Tür erschien, hob die Hand in höflicher Ablehnung. Großer Gott, sie hatte schon zwei Hunde! Und Rex hatte eine wunde Stelle am Bein. Wußte der Herr vielleicht, was man gegen wunde Stellen am Bein tun konnte? Dick sagte stolz, daß Josephine niemals wunde Stellen am Bein habe. «Vielleicht würde Eli Madden, der Ladenbesitzer in Dale, ihn nehmen», setzte die Dame einen Augenblick später hinzu. «Sein Hund ist vor einer Woche von einem Stier zerrissen worden – ach nein – am Montag werden es schon zwei Wochen. Sie könnten es dort versuchen. Manchmal denken wir, Rex ist von einem Igel gebissen worden.» Dick sagte, daß Josephine niemals von einem Igel gebissen worden sei, und dankte der Dame.

Sie rasten den Weg zurück zu Maddens Haus, das nicht weit von ihrem entfernt war. Die Schule war gerade aus, und die Straßen voller Kinder. Plötzlich schienen sie sich, ohne besonders in Bewegung zu geraten, um die Dickinsons zu sammeln, die gerade aus dem Wagen stiegen und Josephine auf den Boden setzten, damit sie sich strecken konnte. Mit gerunzelter Stirn betrachtete sie das unlösbare Problem des Staubes.

«Guck mal den Löwen», brüllte ein Junge. «Wauwau.»

«Was für ein Hund ist das, mein Herr?» fragte ein anderer.

«Ha, das ist überhaupt kein Hund», höhnte ein dritter.

«Das ist ein großartiger Hund», sagte Dick. «Wir wandern mit ihm um die ganze Welt. Er frißt Schlüssel.»

«Dick!» sagte seine Frau.

«Er frißt Schlüssel?» riefen die Kinder im Chor.

«Kofferschlüssel, Türschlüssel, Schlüssel von Vorhängeschlössern – überhaupt alle Sorten Schlüssel», sagte Dick. «Er schüttelt sie natürlich, ehe er sie frißt.»

Frau Dickinson nahm entrüstet Josephine auf und ging voran in Maddens Laden. «Du lieber Himmel!» sagte sie zu ihrem Mann, als die Abschiedsverhöhnungen der skeptischen Kinder hinter der geschlossenen Tür verklangen. «Tu das nie wieder. Es ist schlimm genug, solchen Hund zu haben, man braucht nicht noch Zuschauer anzulocken.»

Sie ging an den Ladentisch, und Eli Madden kam aus einem dahinter gelegenen Raum in den Laden. «Wir haben gehört», sagte sie süßlich, «daß Sie kürzlich Ihren Hund verloren haben und gern einen anderen haben möchten.»

«Von einem Stier zerfleischt», sagte Madden.

«Wir haben einen reizenden kleinen Hund hier, einen amerikanischen Jagdterrier», fuhr Frau Dickinson strahlend fort. Dick hustete laut und schnell.

«Das heißt – einen Bullterrier, einen amerikanischen Bullterrier», sagte er. «Sie können ihn haben, wenn Sie wollen.»

«Ich will Ihnen sagen», sagte Madden und nahm den Hund auf und untersuchte ihn, als ob er der Teil eines Motors wäre, «mit so jungen Hunden gebe ich mich nicht ab. Aber Floyd Timmons könnte ihn nehmen. Hab noch nie einen verlaufenen Hund gesehen, den er nicht genommen hätte. Wenn es Ihnen recht ist, nehme ich ihn heute abend mit, wenn ich zu ihm gehe. Ich komme direkt an Floyds Haus vorbei.»

«Wenn es Ihnen nichts ausmacht», sagte Frau Dickinson eifrig.

Gerade in diesem Moment nieste Josephine.

«Sie ist doch nicht krank, oder?» fragte Madden argwöhnisch.

«Das hat sie noch nie getan», rief Frau Dickinson.

«Vielleicht Staupe», sagte Madden und spie aus. Josephine schnüffelte und sah elend aus.

«Ach, hat sie sich erkältet?» girrte Frau Dikkinson und nahm sie auf. «Hat sie sich ein bißchen erkältet?»

Sie machten mit Madden aus, daß sie den Hund zurückbringen wollten, wenn er die Erkältung ganz überwunden hätte. Aber eine Woche lang nieste Josephine und schnüffelte in kurzen Zeitabständen, und ihre Nase blieb sehr warm. Frau Dickinson machte ihr ein wärmeres Bett, wärmte den Schal an, auf dem sie schlief, und legte eine Wolldecke darunter: sie fütterte sie täglich mit Fleischbrühe und studierte sorgfältig das Hundebuch nach weiteren Vorschlägen. Am achten Tag hatte Josephine das Schnüffeln überwunden und schien viel intelligenter als sie jemals gewesen war. Sie spielte sogar ein bißchen herum und zerrte an einem Schürzenband, das Frau Dickinson spielerisch vor ihr hin und her schüttelte. «Das ist typisch für eine richtige Bulldogge», sagte Dick bewundernd.

Sie ließen sie in den Vorgarten hinaus, und das Hündchen sprang ein bißchen auf dem Gras umher und bellte sogar – ein klagendes Bellen – ein herumliegendes Stück Papier an. Sie sahen ihr gerade vergnügt zu, als ein Mann in einem zweirädrigen Pferdewagen am Ende der Auffahrt vorfuhr.

«Haben Sie einen Hund hier, den Sie loswerden möchten?» rief er fröhlich mit singender Stimme. «Ich heiße Timmons.» Die Dickinsons standen von ihren Plätzen auf der Veranda auf.

«O ja», sagte Dickinson freundlich. «Ja, natürlich.»

Der Mann stieg aus dem Karren und kam auf das Haus zu. Unverzüglich wich Josephine einen Schritt zurück, auf ihren Herrn und ihre Herrin zu. Dabei knurrte sie, ein winziges, komisches Knurren.

«Ein ganz schöner Wachhund», sagte der Mann. «Komm, Kleine.» Er beugte sich nieder und nahm sie auf. Sie fügte sich mit einem wilden Blick auf Frau Dickinson. «Sie wollen sie wirklich immer noch weggeben?»

«Wir wollten eigentlich einen Scotch-Terrier», erzählte ihm Dick. «Deshalb wollen wir sie abgeben.»

«Soso», sagte der Mann. Er schob den Hund in eine bequemere Lage.

«Aber geben Sie ihr, bitte, einen warmen Platz zum Schlafen», sagte Frau Dickinson und folgte Timmons zu seinem Karren. «Wir haben sie bis jetzt noch nicht draußen schlafen lassen. Sie kann die Kälte nicht gut vertragen. Sie war erkältet und ist gerade erst gesund geworden. Wollen Sie vielleicht das Bett mitnehmen, das sie benutzt hat?»

«Och, wir haben genug warme Sachen, die wir ihr zum Schlafen geben können. Wir lassen sie nachts in der Küche, bis es wärmer wird.»

«Sie darf nicht viel gekochtes Fleisch essen», fuhr Frau Dickinson fort. «Können Sie vielleicht dafür sorgen, daß sie ab und zu eine Fleischbrühe bekommt und etwas mageres Fleisch schön zerschnitten. Milch ist nicht gut für sie, deshalb geben wir ihr nicht viel.»

Timmons wickelte den Hund in eine Decke neben sich. Josephine blickte mit fragenden Augen zuerst auf ihren neuen Besitzer und dann auf ihre frühere Herrin.

«Ich will gern eine Kleinigkeit für sie bezahlen. Sehen Sie, ein Bullterrier kommt mir für die Kühe gut zustatten, wenn mein anderer Hund zu alt wird oder stirbt.»

«Aber auf keinen Fall», sagte Dick.

«O nein», sagte Frau Dickinson. «Sie heißt Josephine», setzte sie hinzu.

«Na schön», sagte Timmons obenhin. Er schnalzte seinem Pferd zu, und der Karren fuhr ab. Sie erhaschten noch einen flüchtigen Anblick von Josephine, die von einem Ende des Sitzes zurücksah; dann nahm eine Hand sie außer Sichtweite.

«Na, da sind wir eine große Plage los», sagte Dick freudig, und Frau Dickinson nickte zustimmend.

Es verging kaum eine Stunde in den nächsten Tagen, ohne daß die Erinnerung an Josephine zwischen ihnen erstand. Da war zum Beispiel das Hundebuch, jetzt ziemlich unnütz; und das kleine Bett in der Ecke, über das man stolperte; und der Stock mit einem Stück Papier dran, den Frau Dickinson als Spielzeug zurecht gemacht hatte; und Hundekuchen, der überall im Hause und draußen herumlag. Jedoch nach einer Woche hatte der in seine Arbeit vertiefte Dickinson den Hund fast vergessen. Eines Mittags beim Essen entwarf er seiner Frau den Plan zu einer Geschichte. Es war eine Geschichte mit motorisierter Handlung, die sich auf Gebirgspfaden abspielte, mit Alkoholschmugglern und Sheriffs und einem Mädchen, das in einem roten Zweisitzer wie verrückt herumsauste.

«Dann», erklärte Dick, «als sie sich dem alten

Haus nähern, das sie für verlassen halten, bellt plötzlich ein Hund –»

«Ich hoffe, er füttert sie richtig», sagte Frau Dickinson.

Dick bremste seine wild fahrenden Autos.

«Wer wird wen füttern?»

«Josephine», sagte seine Frau.

«Denkst wohl immer noch an die Kaiserin, was?»

«Du weißt, ein Mann kann so achtlos sein. Ich wollte, ich hätte mit seiner Frau darüber sprechen können.»

«Die ist schon in Ordnung», sagte Dick heiter und schob die Schüssel mit Erdbeermarmelade zu Ellen hinüber. «Und wenn wir im Herbst den Scotty aus New York bekommen, wirst du sie ganz vergessen und froh sein, daß wir ihr ein gutes Zuhause verschafft haben.»

«Sie war am letzten Tag so fröhlich und in guter Verfassung», sagte seine Frau nachdenklich. «Und sie hat ihn angeknurrt. Aber ich glaube immer noch, daß sie nie wachsen wird.»

«Niemals», stimmte Dick zu. «Alle richtigen Hunde New Yorks hätten sie glatt geschnitten.

«Weißt du», sagte Ellen nach einer Weile, als sie anfing, die Teller zusammenzustellen, «vielleicht war es, weil ich sie während ihrer Krankheit gepflegt habe ...» Sie seufzte. Dick kannte diesen Seufzer.

«Wie wäre es, wenn wir mal bei der Farm dieses Burschen vorbeiführen und fragen, wie es ihr geht?» fragte er. «Wir brauchten uns nicht von ihr sehen zu lassen.»

«Ja, gut», sagte Ellen schnell. «Wir könnten bloß anhalten und fragen, was sie macht, und ich könnte seiner Frau Bescheid sagen über die Fleischbrühe und das magere Fleisch.»

Eines Nachmittags mieteten sie also noch einmal Blanchards kleines Auto und hielten an Maddens Laden an, um ihn nach dem Weg zu Timmons' Farm zu fragen. Dann fuhren sie den Weg hinauf bis sie seinen Namen auf einem grauen Briefkasten vor einem großen weitläufigen Farmhaus erblickten.

Timmons kniete in einem kleinen Scheunenraum und sortierte Geräte, als Dickinson ihn fand. «Hallo, Timmons», sagte er mit einer besorgten Falte auf der Stirn. «Ich komme nur gerade mal vorbei, um mich nach dem Hund zu erkundigen.»

«Verdammt, aber Norbert Gibbs hat sie mitgenommen», sagte Timmons und erhob sich. «Er kam eines Tages hierher und hatte ein bißchen getrunken. Norb ist ein übler Bursche. Mit ihm kann man am schlechtesten fertig werden von allen Leuten hier herum. Tja, mein Herr, Ihre Hündin lief hier vor dem Haus herum, und dem Norb hat sie gefallen. Ich habe gesagt, ich will sie nicht verkaufen, und gesagt, daß ich sie geschenkt gekriegt habe, und dann hat er mich so 'n bißchen gefoppt und gesagt, na ja, du kannst natürlich einen geschenkten Hund nicht verkaufen – er würde ihn einfach nehmen. Und das hat er gemacht. Hat gelacht, als ich ihn daran hindern wollte.»

«Können Sie den Hund nicht vom Sheriff oder sonst jemandem holen lassen?» fragte Dick.

«Der Sheriff ist weit weg von der Bezirksstadt, und sein Vertreter ist mit Gibbs dick befreundet. Keiner kann recht was gegen ihn tun. Er ist ein harter Mensch.»

Dickinson konnte seinen Ärger kaum unterdrücken und bat am Ende den Farmer, nichts über das Verschwinden des Hundes verlauten zu lassen. Es wäre nicht gut, wenn im Dorf darüber gesprochen würde. Dann ging er zu seiner Frau zurück.

«Hast du sie gesehen?» lächelte sie sehnsüchtig.

«Nein», sagte Dick und bemühte sich angestrengt, es leichthin zu sagen. «Aber es geht ihr gut, sagt Timmons.»

«Das glaube ich», sagte Frau Dickinson. «Ich habe Frau Timmons über alle ihre Besonderheiten aufgeklärt. Na ja . . ., ich glaube, wir müssen sehen, daß wir nach Hause kommen. Es sieht sehr nach Regen aus.»

Als sie auf der Rückfahrt waren, fing es wirklich an zu regnen. Es war ein leiser, bedrückender Sprühregen, und es fiel Dick schwer, eine unbekümmerte Fröhlichkeit an den Tag zu legen, während ihm die peinliche Lage, in die Josephine – und er – geraten waren, immer wieder im Kopf herumging. Vielleicht konnte er sie einfach für Timmons zurückkaufen. Aber wie sollte er es fertigbringen, diesen Mann zu treffen, ohne daß seine Frau es erfuhr? Durch seine Überlegungen lief immer abwechselnd eine erbitterte Unterströmung über alle diese Unannehmlichkeiten um einen unerwünschten Hund, ein verkniffener Ärger über die Handlungsweise des unbekannten Kerls und ein leises Angstgefühl.

Immer wieder malte er sich aus, wie er das Hündchen für Timmons zurückbekommen könnte. Er dachte noch immer über das Problem nach, als er am nächsten Tag in Maddens Laden ging, um seinen Tabakvorrat zu ergänzen. Er beschloß, den Ladenbesitzer nach dem Aufenthalt und den Gewohnheiten des unbekannten Mannes, der ihm nicht aus dem Kopf ging, zu fragen.

«Norb Gibbs?» fragte Madden. «Hier ist er.» Er wies mit dem Daumen.

Dickinson wandte sich um und bemerkte in einer Ecke des Ladens eine Gruppe von drei Männern, die in gedämpftem Ton eine zögernde Unterhaltung führten. Zwei von ihnen zogen an ihrer Pfeife, während der dritte lässig am Ladentisch lehnte.

«Oh, Norb!» rief Madden.

Ehe noch Dickinson seine Gedanken ordnen oder sich ausdenken konnte, wie er vorgehen wollte, wandte einer der Raucher sich ein wenig um und sah den Ladenbesitzer an.

«Ein Mann hier möchte dich sprechen», fuhr Madden fort. Dick fühlte, wie sein Herz anfing, heftig zu schlagen und wie seine Hände an den Fingerspitzen ein bißchen kalt wurden. Der Mann, der jetzt mit finsterem Gesicht zu ihm herüberschlenderte, war schwer und untersetzt gebaut und hatte ein großes rundes Gesicht mit Narben auf der einen Wange. Er trug einen Cordsamt-Anzug und bis zu den Knien geschnürte Lederstiefel. Sein Brustumfang war ungeheuerlich, und seine Handgelenke, die aus den Ärmeln hervorschauten, waren mit schwarzen Haaren bedeckt. Dick steckte seine halbgefüllte Pfeife in die Tasche.

«Sie wollen was von mir?» fragte Gibbs und kratzte seinen Nacken mit den großen Fingern seiner rechten Hand.

«Tja –» fing Dick an. «Ich – ja. Das heißt – Sie haben einen kleinen Hund, den ich gern kaufen möchte, wenn es ginge.»

«Was für einen Hund?» forschte Gibbs.

«Einen jungen Hund, den Sie, glaube ich, von Mr. Timmons bekommen haben», sagte Dick mit dem kläglichen Versuch eines Lächelns und dem

Gefühl, daß seine Stimme ein bißchen schwach war und seine Zunge sich schwerfällig bewegte.

«Ich habe einen kleinen Hund von ihm», sagte Gibbs. «Stimmt.» Er stellte sich breitbeinig hin, steckte die Pfeife in einen Mundwinkel und schob seinen Hut etwas aus der Stirn. «Was ist damit?»

«Ja», sagte Dickinson, «ich habe ihn Timmons gegeben, und nun ist er – das heißt – ich – meine Frau und ich glauben, daß wir ihn – ich meine sie – zurückhaben möchten. Wie geht es ihr?» Er hatte das Gefühl, daß die Frage etwas albern war und ganz fehl am Platze.

«Sehr gut», sagte der Mann gedehnt. «Ich denke, sie ist der Hund, den ich brauche. Nichts zu machen. Könnte nicht sagen, daß ich sie loswerden möchte.»

«Sie würden sie nicht verkaufen?»

«Kommt nicht in Frage.»

«Wie wär's mit fünfzig Dollar?» bot Dick voll Hoffnung. Der Gedanke ging ihm durch den Kopf, daß Timmons vielleicht nicht abgeneigt wäre, sich an dem Rückkauf des Hundes zu beteiligen. Er hatte angeboten, etwas für ihn zu bezahlen.

«Brauche kein Geld nich», sagte Gibbs kurz angebunden.

«Ich – ich möchte den Hund sehr gern», sagte Dick.

«Na schön, dann kommen Sie man und holen sich ihn», sagte Gibbs mit erhobener Stimme. «Und wenn Sie kommen, kommen Sie aber ganz groß.»

Er drehte sich um und sah seine Begleiter an, als ob er sie dazu auffordern wollte, den Auftritt zu genießen. Sie lauschten schweigend. Madden, der einige Nägel auf der Waage abwog, sah mit hochgezogenen Brauen auf.

«Ich hab 'ne Menge aufgestapeltes Holz bei mir zu Hause. Das brauch ich für Leute, die sich da 'rumtreiben», fuhr Gibbs fort. Laut lachend ging er zu seinen Freunden zurück. Madden fuhr fort, seine Nägel abzuwiegen. Dick fühlte, wie sein Gesicht heiß wurde.

«Sie wollen sie also nicht aufgeben?» fragte er mit schwerer Zunge.

«Ich habe gesagt, kommen Sie und holen Sie sie.» Gibbs starrte wütend herüber, drückte mit dem Daumen etwas Tabak in seine kurze Pfeife und lehnte sich an den Ladentisch. Einer seiner Freunde ging zur Seite und machte Platz für ihn.

«Das werde ich vielleicht», sagte Dick. Er zitterte leicht und fühlte seine Beine merkwürdig schwach werden.

«Und vielleicht kriegen Sie eins drauf, wie ab und zu Ihr verdammter Hund», lachte der Mann brutal und grinste seine Freunde so breit an, daß man alle seine Zähne sah. Dickinson sah die

Dinge vor sich wie durch einen leichten Nebel, einen roten Nebel. Wie ein Blitz schlug die Erkenntnis bei ihm ein, daß dieser brutale Kerl seinen Hund geschlagen hatte ... Josephine ... In zwei Sätzen schoß er quer durch den Raum, denn er war geschmeidig und schnell, wenn auch in der Stärke kein ebenbürtiger Gegner für den anderen. Ehe noch Gibbs einen Fuß vom anderen nehmen konnte – so wie er müßig am Ladentisch lehnte –, ehe er noch die Pfeife aus der Hand legen konnte, schlug ihm Dickinson mit voller Wucht einen rechten Haken in den Mund.

Der Kampf, der sich nun entwickelte, wird noch jahrelang Gesprächsstoff abgeben. Gibbs, der zwischen einen Scheffel Kartoffeln und ein schweres ungeöffnetes Faß in sitzende Stellung gefallen war, wurde durch sein Körpergewicht und seine schwere Kleidung behindert, aber als er auf die Füße kam, stürzte er wie ein verwundeter Stier auf Dickinson los. Gewaltig war der Ansturm des näher kommenden Riesen. Dickinson wandte sich um und lief in äußerster Angst zur Tür. Aber dort drehte er sich blitzartig um. Mit einer schnellen, wilden, verzweifelten Bewegung warf er sich direkt auf die Füße des Angreifers. Nicht umsonst hatte er sich in seiner Schulzeit, als er noch Mitglied der Jugendmannschaft – der kämpfenden Knirpse – war, genauso auf die Fußball-Puppen gestürzt und auf schwingende, ausgestopfte Baumwollsäcke geworfen. Er traf den Mann oberhalb des Knöchels.

Gibbs stürzte schwerfällig über ihn hinweg und schlug mit fürchterlichem Krach auf den Boden. Er fiel in die Nähe einer eben geöffneten Kiste mit Hämmern, deren blaue Stahlköpfe und weiß etikettierte Stiele glitzerten. Dick wälzte sich hinüber und richtete sich auf. Da ergriff der Mann einen Hammer und wandte sich, noch kniend, um. Der Hammer krachte in eine unangezündete Lampe weit oberhalb des Ladentisches, und das Glas klirrte scharf, als die Lampe zu schwingen und trübselig zu knarren anfing. Als Gibbs auf die Füße taumelte, sprang Dick nach einem Stuhl hinter dem großen Ofen nahe einer Ecke des Ladens. Offenbar erwartete der Mann, daß Dick sich hinter dem Ofen verstekken wollte, denn er ging mit einem weiteren Hammer in der Hand und mit einem triumphierenden Seitenblick auf ihn zu.

Aber Dickinson ging nicht in Deckung. Das Kampffieber hatte ihn ergriffen. Er schoß gerade auf seinen Gegner zu und schwang beim Näherkommen den Stuhl vom Boden empor. Gibbs war leicht überrascht und ließ seinen Hammer genau auf die vorwärts gerichteten Beine des Stuhles sausen, so daß zwei von ihnen ihn fest unter den Armen einklemmten. Er fluchte, und der Hammer flog aus seiner Hand. Der

Stuhl fiel zu Boden, und seine andere Hand griff nach dem unverletzten Ellbogen. Er taumelte dem Stuhl nach, aber Dick griff ihn erneut an, und Gibbs fiel auf den umgestürzten Stuhl. Dick war hinter ihm. Mit einem wohlgezielten Fußtritt beförderte er Gibbs in eine noch groteskere Verwicklung mit diesem Möbelstück. Dann sprang er auf ihn und bearbeitete seinen Hinterkopf mit hämmernden Schlägen.

«Steh auf», brüllte Dick in rasendem Zorn. «Steh auf, du Hundedieb, du Hundeschinder, du –!»

Der Mann erkämpfte sich eine sitzende Stellung und rieb mit dem Ärmel das Blut aus einer Wunde unter seinem Auge. Nur seine ungewöhnlich langsamen Bewegungen und der Nachteil seiner körperlichen Schwere hinderten ihn, mit Dick ins Gefecht zu kommen, solange dieser noch tobsüchtig brüllend über dem schutzlosen Mann stand und seine Arme auf ihm herumdroschen.

Aber jetzt war der Bursche auf seinen Knien, seine schweren Hände lagen flach auf dem Boden, und Dickinsons Vernunft kehrte zurück. Er schwankte zum Ladentisch und fing an, Gegenstände auf die langsam in Bewegung kommende Schreckensgestalt zu schleudern. Er warf mit Schachteln, Büchsen, Regalen – mit allem, was er in die Hand bekommen konnte. Pampelmusen und Tomaten flogen durch die Luft. Eine

Büchse Pfirsiche plumpste genau auf Gibbs' Brustkasten. Ein Samengestell zerbarst an seinen Schultern, und die herabsausenden Päckchen rasselten über den Boden. Die Schale voll Nägel, die der respektvoll erstarrte Madden hatte stehen lassen, als er sich auf den Boden hinter dem Ladentisch zurückzog, rauschte singend an Gibbs Ohr vorbei und spritzte gleichsam Schüsse über Wände und Boden. Aber Gibbs kam auf die Füße, und während er weitere Geschosse mit dem Stuhl abwehrte, ging er vor – mitleidslos, finster und schrecklich. «Ich bring dich um», grunzte er krampfhaft atmend. «Ich brech dich in Stücke!»

«Komm ran», heulte Dick, eine Aufforderung, die zur Hälfte aus wilder Furcht bestand, denn der Ladentisch bot nun kein Wurfgeschoß mehr. Schnell ging er rückwärts auf die Tür zu. Seine Füße stießen an die umgekippte Kiste mit Hammern, und schon saß er auf dem Boden. Wie ein Wilder langte er nach einem Hammer, den er packte und warf. Er fiel ins Leere. Gibbs sah seinen Gegner vor sich auf dem Boden sitzen, richtete sich hoch auf und warf den Stuhl mit einem scheppernden Krachen gegen den Ofen und raste vorwärts. Und Dicks zweiter Hammer, den er mit letzter Kraft und einem rauhen Schluchzen in der Kehle schleuderte, traf Norb Gibbs direkt über dem Auge. Mit erstauntem Ausdruck fiel er auf dem Boden zusammen.

Als nächstes begriff Dickinson, daß der Laden voller Menschen war. Er wurde gewahr, daß hundert Fragen an ihn gestellt wurden von hundert Gestalten, die hereinkamen und um ihn herumstanden. Dann machte die Menge plötzlich Raum für jemanden, der eilig durch die Tür kam.

«Sheriff Grigsby! Es ist der Sheriff!» Durch Dicks Kopf zog der verrückte Gedanke, daß dies ein Film sein müsse. Dann wurde er ohnmächtig.

Als er zu sich kam, fand er sich fest im Arm des Gesetzes. Seine Augen weiteten sich, und eine Frage formte sich in seinem Kopf. Hatte er Gibbs umgebracht?

«Sie werden jetzt mit mir fahren», sagte der Sheriff finster. Dick schauderte. «Sie und ich», fuhr der Sheriff fort, «werden jetzt zu dem Hundeweibchen gehen. Ich mag einen Mann, der wie der Teufel für seinen Hund kämpft, sogar wenn es nicht sein eigener ist.»

An einem späten Oktobertag, als die nach Westen gerichteten Fenster der Häuser im orangeroten Feuer glühten, hielten die Dickinsons an einer Bank im Central Park an und setzten sich. Ein kräftiger kleiner Terrier mit glattem braunem Fell und sehr klugen Augen, dessen Vorfahren zu ermitteln zugegebenermaßen jedoch schwierig gewesen wäre, sprang hinauf und setzte sich zwischen sie.

Eine junge Dame ging gerade vorbei und führte einen hübschen, wohlgepflegten Scotch-Terrier von überzeugendem Adel an der Leine.

«Wäre Gibbs nicht gewesen, so ginge jetzt hier unser Scotty», sagte Dickinson sinnend.

Seine Frau tätschelte den kleinen Terrier an ihrer Seite und sah dem entschwindenden Scotty nach.

«Oh», sagte sie, «für einen Hund seiner Sorte ist er gut genug.»

Die Abreise der Emma Inch

Emma Inch sah nicht anders aus als jede andere hagere Frau mittleren Alters, die man vielleicht in der Untergrundbahn erblickt oder von der man über den Ladentisch eines kleinen Geschäfts in einer Provinzstadt bedient wird, um sie dann für immer zu vergessen. Ihr Haar war stumpfbraun und spärlich, ihr Gesicht machte einem keinen Eindruck, an ihre Stimme erinnere ich mich nicht – es war eben eine Stimme. Sie kam zu uns mit einem Empfehlungsbrief von einer Bekannten, die wußte, daß wir in die Sommerfrische nach Marthas Vineyard fahren wollten und eine Köchin brauchten. Wir nahmen sie, weil niemand sonst da war, und sie schien in Ordnung. Sie war in unserem Hotel in der 45. Straße am Tag vor der geplanten Abreise erschienen, und wir besorgten ihr ein Zimmer für die Nacht, denn sie wohnte irgendwo weit weg im oberen Teil der Stadt. Sie sagte, es ließe sich nicht anders machen, sie müsse erst heim und ihr Zimmer kündigen, aber ich beruhigte sie, ich würde das schon besorgen.

Emma Inch hatte einen großen, abgenutzten braunen Handkoffer mit und einen Bullterrier. Er hieß Feely. Feely war siebzehn Jahre alt und knurrte, ächzte und schnaufte unaufhörlich; aber wir brauchten eine Köchin und erklärten uns einverstanden, mit Emma Inch auch Feely

mitzunehmen, wenn sie für ihn sorgen und zusehen würde, daß er uns nicht in den Weg kam. Es erwies sich als einfach, Feely von uns fernzuhalten, denn er blieb überall, wo Emma ihn niedersetzte, ächzend liegen, bis sie zurückkam und ihn wieder aufhob. Ich sah ihn nie laufen. Emma hatte ihn, wie sie sagte, schon besessen, als er noch ein junger Hund gewesen war. Er war alles, was sie auf der Welt besaß, versicherte sie uns mit feuchten Augen. Ich war verlegen, aber nicht gerührt. Ich begriff nicht, wie irgend jemand Feely lieben konnte.

In der Nacht nach ihrer Ankunft verlor ich über Emma Inch und Feely keinen Schlaf, anders aber war es mit meiner Frau. Sie sagte mir am nächsten Morgen, sie habe lange Zeit wach gelegen und über die Köchin und ihren Hund nachgedacht, denn sie hätte ihretwegen ein komisches Gefühl. Warum, wußte sie nicht. Sie hatte eben nur das Gefühl, irgendwie seien sie komisch. Als wir alle zum Aufbruch bereit waren – es war drei Uhr nachmittags, wir hatten so lange gebraucht, zu packen –, rief ich durchs Haustelefon in Emmas Zimmer an, aber sie meldete sich nicht. Es wurde spät, und wir wurden nervös – das Fall River-Schiff fuhr in etwa zwei Stunden ab. Wir konnten uns nicht erklären, wieso wir nichts von Emma und Feely gehört hatten. Erst kurz vor vier war es soweit. Ein leises Klopfen an der Tür unseres Schlafzimmers ertönte, ich öffnete, und da waren sie, Emma und Feely; Feely schnaufte und ächzte auf ihrem Arm, als sei er eine lange Strecke geschwommen.

Meine Frau hieß Emma ihren Koffer packen und sagte, wir führen bald los. Emma erwiderte, ihr Koffer sei gepackt, bis auf ihren elektrischen Ventilator, und den könne sie nicht hineinbekommen. «Sie brauchen in Vineyard keinen elektrischen Ventilator», erklärte ihr meine Frau. «Dort ist es frisch, sogar tagsüber, und bei Nacht geradezu kalt. Nebenbei bemerkt, gibt es in dem Landhaus, in das wir ziehen, keinen elektrischen Strom.» Emma Inch schien betrübt. Sie studierte das Gesicht meiner Frau. «Dann muß ich mir etwas anderes ausdenken», sagte sie. «Vielleicht könnte ich die ganze Nacht das Wasser laufen lassen.» Wir beide mußten uns setzen und sahen sie an. Feelys asthmatische Geräusche waren eine Zeitlang die einzigen Laute im Zimmer. «Hört dieser Hund denn nie damit auf?» fragte ich gereizt.

«Ach, er spricht nur», sagte Emma. «Er spricht die ganze Zeit, aber ich werde ihn in mein Zimmer einschließen, und wir werden Sie nicht stören.»

«Stört er Sie denn nicht?» fragte ich.

«Er würde mich stören», meinte Emma, «wenigstens bei Nacht, aber ich stelle den elektrischen Ventilator an und lasse das Licht brennen. Er macht nicht soviel Lärm, wenn das Licht brennt, denn dann schnarcht er nicht. Der Ventilator hindert mich sozusagen daran, ihn zu hören. Ich bringe ein Stückchen Pappdeckel so an, daß der Ventilator es streift, und dann merke ich Feely nicht so sehr. Vielleicht könnte ich in meinem Zimmer die ganze Nacht über das Wasser laufen lassen statt des Ventilators.» Ich sagte nur: «Hmm», stand auf und mischte einen Drink für meine Frau und mich – wir hatten zwar beschlossen, uns keinen mehr zu genehmigen, bis wir auf dem Schiff waren, aber ich hielt es für besser, jetzt doch einen zu nehmen. Meine Frau sagte Emma nicht, daß es in ihrem Zimmer in Marthas Vineyard kein fließendes Wasser gab. «Wir haben uns Ihretwegen Sorgen gemacht, Emma», sagte ich. «Ich rief in Ihrem Zimmer an, aber Sie haben sich nicht gemeldet.» – «Ich gehe nie ans Telefon», erwiderte Emma, «denn es versetzt mir immer einen Schock. Aber ich war sowieso nicht da, ich könnte in diesem Zimmer nicht schlafen. Ich bin zu Mrs. McCoy in die 78. Straße zurückgegangen.» Ich stellte mein Glas hin. «Wollen Sie damit sagen, daß sie in der vergangenen Nacht zur 78. Straße zurückgegangen sind?» fragte ich. «Jawohl, gnädiger Herr», sagte sie. «Ich mußte Mrs. McCoy sagen, daß ich wegfahre und eine Zeitlang nicht dasein würde – Mrs. McCoy ist die Zimmerwirtin. Außerdem kann ich in Hotels nie schlafen. «Sie sah sich im Zimmer um. «Sie brennen gewöhnlich ab», belehrte sie uns.

Es stellte sich heraus, daß Emma Inch in der vergangenen Nacht nicht nur in die 78. Straße zurückgekehrt war, sondern den ganzen Weg zu

Fuß zurückgelegt und dabei Feely getragen hatte. Ein bis zwei Stunden hatte sie dazu gebraucht, denn Feely ließ sich nicht gerne längere Zeit tragen, so daß sie an ungefähr jeder Straßenecke hatte stehenbleiben und ihn eine Weile auf den Gehsteig hatte niedersetzen müssen. Der Weg zu unserem Hotel zurück hatte sie dann ebensoviel Zeit gekostet; Feely stand anscheinend nie vor Nachmittag auf – deshalb kam sie so spät. Meine Frau und ich leerten unsere Gläser, sahen einander an und dann Feely.

Emma Inch mißfiel der Gedanke, in einem Taxi zum Abfahrtssteg zu fahren, doch nach zehn Minuten Schmeichelns und Bettelns stieg sie endlich ein. «Lassen Sie langsam fahren», rief sie. Wir hatten noch Zeit, also rief ich dem Fahrer zu, sachte zu machen. «Ich habe noch nie in einem Automobil gesessen», sagte sie. «Es geht schrecklich schnell.» Dann und wann gab sie einen kleinen erschreckten Quietschlaut von sich.

Der Fahrer drehte den Kopf und grinste. «Keine Bange, meine Dame, bei mir sind sie gut aufgehoben», sagte er. Feely knurrte ihn an. Emma wartete, bis er sich wieder weggewandt hatte, dann beugte sie sich zu meiner Frau vor und flüsterte: «Sie nehmen alle Kokain.» Feely begann einen neuen Laut hervorzubringen – eine Art schrilles, röchelndes Japsen. «Er singt», meinte Emma. Sie ließ ein wunderliches kleines Kichern hören. «Ich wollte, du hättest die Flasche so eingepackt, daß wir sie zur Hand hätten», sagte meine Frau.

Wenn Emma Inch Angst gehabt hatte vor dem Taxi, so war sie einfach entsetzt angesichts der «Priscilla» von der Fall River-Linie. «Ich glaube nicht, daß ich das fertigbringe», sagte Emma. «Ich glaube nicht, daß ich ein Schiff besteigen kann. Ich wußte nicht, daß es so groß ist.» Sie stand festgewurzelt auf dem Steg und umklammerte Feely. Sie mußte ihn zu fest gedrückt haben, denn er schrie – er schrie wie eine Frau. Wir fuhren alle zusammen. «Es sind seine Ohren», sagte Emma. «Seine Ohren tun ihm weh.» Zu guter Letzt brachten wir sie doch noch aufs Schiff, und als sie erst einmal an Bord, im Salon war, legte sich ihr Entsetzen etwas. Dann tuteten die drei Abfahrtssignale der Schiffssirene über das untere Manhattan hin. Emma Inch sprang auf die Beine und begann zu rennen, wobei sie ihren Handkoffer (den sie sich geweigert hatte, einem Träger anzuvertrauen) im Stich ließ, aber Feely an sich preßte. Ich erwischte sie, als sie gerade den Laufsteg erreichte. Das Schiff war in Fahrt, als ich ihren Arm losließ.

Es dauerte lange, ehe ich Emma dahinbringen konnte, in ihre Kabine zu gehen; aber endlich ging sie doch. Es war eine Innenkabine, und sie schien sich nichts daraus zu machen. Ich glaube, sie war erstaunt bei der Entdeckung, daß sie wie ein Zimmer aussah, ein Bett, einen Stuhl und einen Waschtisch hatte. Sie setzte Feely auf den Boden. «Ich nehme an, Sie werden etwas wegen des Hundes unternehmen müssen», sagte ich. «Ich glaube, man bringt Hunde hier irgendwo unter und kriegt sie dann beim Aussteigen wieder.»

«Nicht doch», sagte Emma. Ich schloß hinter Emma Inch und Feely die Tür und ging fort. Meine Frau trank puren Whisky, als ich in unsere Kabine kam.

Am nächsten Morgen – es war kalt und früh – brachten wir Emma und Feely in Fall River von der «Priscilla» herunter und in einem Taxi hinüber nach New Bedfort und weiter auf das kleine Boot nach Marthas Vineyard. Jeder Schritt war so schwierig, wie einen streitsüchtigen Betrunkenen aus einem Nachtklub hinauszubefördern, der sich einbildet, dort beleidigt worden zu sein. Emma setzte sich auf dem nach Marthas Vineyard bestimmten Boot auf einen Stuhl, so weit wie möglich vom Anblick des Wassers entfernt, schloß die Augen und drückte Feely an sich. Sie hatte einen Mantel über Feely gebreitet, nicht nur um ihn warmzuhalten, sondern um zu verhindern, daß ihn einer der Schiffsangestellten ihr fortnähme. Ich ging in Abständen von Deck herunter und hinein, um nach ihr zu sehen.

Es ging ihr gut, oder wenigstens für ihre Verhältnisse gut, bis fünf Minuten ehe das Boot in Woods Hole anlegte, der einzigen Station zwischen New Bedfort und Marthas Vineyard. Dann wurde es Feely übel. Oder jedenfalls sagte Emma, ihm sei schlecht. Er sah für mich nicht anders aus wie immer – sein Atem ging ebenso anomal und unregelmäßig. Aber Emma behauptete, er sei krank. Tränen standen ihr in den Augen. «Er ist ein sehr kranker Hund, Mr. Thurman», sagte sie. «Ich werde ihn heimbringen müssen.» Ich wußte aus der Art, wie sie «heim» sagte, was sie meinte. Sie meinte die 78. Straße.

Das Boot legte in Woods Hole an, es lag regungslos da, und wir konnten das Hin- und Herlaufen der Dockarbeiter hören, die die Ladung löschten. «Ich werde hier aussteigen», sagte Emma entschlossen, oder jedenfalls mit mehr Entschlossenheit, als sie bis jetzt gezeigt hatte. Ich erklärte ihr, wir würden in einer halben Stunde ankommen, dann wäre alles in Ordnung, dann würde alles wundervoll sein. Ich sagte, Feely würde dann ein neuer Hund sein. Ich erzählte ihr, kranke Hunde würden zur Kur eigens nach Marthas Vineyard gebracht. Aber es half nichts. «Ich werde ihn hier wegbringen müssen», sagte Emma. «Ich muß ihn immer heimbringen, wenn er sich krank fühlt.» Ich sprach ihr beredt vom Liebreiz von Marthas Vineyard mit seinen hübschen Häusern, seinen netten Leuten und den wundervollen Einrichtungen für Hunde. Aber ich wußte, es war vergeblich. Ich konnte das mit einem Blick auf sie feststellen. Sie würde in Woods Hole an Land gehen.

«Das können Sie wirklich nicht machen», sagte ich, grimmig ihren Arm schüttelnd. Feely knurrte schwach. «Sie haben kein Geld, und Sie wissen nicht einmal, wo Sie wirklich sind. Sie sind weit weg von New York. Noch nie ist jemand zu Fuß von Woods Hole nach New York gegangen.» Sie schien mich nicht zu hören. Sie begann auf die zum Laufsteg führende Treppe zuzuschreiten, wobei sie Feely Koseworte zuflüsterte. «Sie müssen den ganzen Weg per Schiff zurückfahren», sagte ich, «oder einen Zug nehmen, und Sie haben kein Geld. Wenn Sie so töricht sind und uns jetzt verlassen, kann ich Ihnen kein Geld geben.»

«Ich will kein Geld, Mr. Thurman», sagte sie. «Ich habe kein Geld verdient.»

Ich ging eine Zeitlang in gereiztem Stillschweigen hin und her; dann gab ich ihr etwas Geld. Ich zwang sie, es zu nehmen. Wir gingen zum Laufsteg. Feely keuchte und gurgelte. Ich sah jetzt, daß seine Augen ein wenig rot waren und tränten. Ich wußte, es würde nichts nützen, meine Frau herbeizurufen – nicht jetzt, wo Feelys Gesundheit auf dem Spiele stand.

«Wie wollen Sie von hier aus heimkommen?»

schrie ich Emma Inch an, als sie über den Laufsteg schritt. «Sie sind weit fort, am Rande Massachusetts.»

Sie blieb stehen und wandte sich um. «Wir werden zu Fuß gehen», sagte sie. «Wir gehen gerne zu Fuß, Feely und ich.»

Ich stand erstarrt da und sah sie fortgehen.

Als ich an Deck zurückkam, drehte das Boot nach Marthas Vineyard ab. «Wie stehen die Dinge?» fragte meine Frau. Ich winkte mit der Hand in der Richtung der Landungsbrücke. Dort stand Emma Inch. Ihren Handkoffer zu Füßen, ihren Hund unterm Arm und winkte uns mit ihrer freien Hand Lebewohl. Ich hatte sie nie zuvor lächeln sehen, jetzt aber lächelte sie.

Schau heimwärts, Jeannie

Die umstrittene und bedeutungsvolle Frage, ob manche verlorengegangenen Hunde die geheimnisvolle Fähigkeit haben, aus fernen Gegenden durch fremdes Gebiet zurückzufinden, ist seit Jahren von Hundebesitzern, Hundehassern und anderen Leuten, die überhaupt nichts von Hunden verstehen, erörtert worden. Bergen-Evans stellt sich in seinem Buch *Die Naturgeschichte des Unsinns* auf die Seite der Zyniker, die glauben, daß ein verlorengegangener Hund auch nicht mehr Ahnung davon hat, wo er sich befindet, als ein im Wald verlorengegangenes Baby. (Anmerkung des Autors, 1955: Ich bin, wenn auch widerstrebend, dahingekommen, Mr. Evans in fast allen, jedoch nicht absolut allen Fällen zuzustimmen.) «Genau wie von Vögeln», schrieb Evans, «glaubt man von Hunden, daß sie eine übernatürliche Fähigkeit haben, ihren Weg über Hunderte, sogar Tausende von Meilen eines fremden Gebietes nach Hause zu finden. Die Zeitungen sind voll von Berichten über Hunde, die geheimnisvollerweise an der Türschwelle ihrer verblüfften Herren auftauchen, die sie weit entfernt ausgesetzt hatten. Diese Berichte kann man jedoch mit den Spalten der Verlustanzeigen derselben Zeitung vergleichen, die in fast jeder Ausgabe Belohnungen für die Wiederauffindung von Hunden versprechen, die offenbar von der nächsten Ecke nicht nach Hause finden konnten.»

Obwohl ich aus eigener Erfahrung keine Kenntnis von Hunden habe, die angeblich aus fernen, fremden Gegenden mit der Sicherheit eines indianischen Pfadfinders oder eines Lokomotivführers zurückgekehrt sind, bin ich doch nicht völlig geneigt, alle diese Geschichten als reine Sage abzuschreiben. Zweifel ist ein nützliches Werkzeug des wißbegierigen Geistes, aber wohl kaum eine Methode für Untersuchungen. Ich möchte gern einen geschulten Reporter oder Privatdetektiv auf die Spur eines nach Hause zurückkehrenden Hundes setzen und sehen, was er herausfindet.

Ich habe zufällig ein paar einzelne Zeitungsausschnitte über dieses spannende Thema, aber sie sind wie immer nach keiner Seite hin durch irgendeinen überzeugenden Beweis bestätigt. Der interessanteste Fall ist der von Bosco, einem kleinen Hund, von dem es heißt, daß er im Winter 1944 nach Hause, nämlich Knoxville, Tennessee, von Glendale, Kalifornien, zurückgekehrt ist und somit wahrscheinlich den Entfernungs-Weltrekord für dies sagenhafte Ereignis geschlagen hat, 2300 Meilen in sieben Monaten. Seine Geschichte ist in einem Buch festgehalten, betitelt: «Nur ein Dummkopf», von Eldon Roark, Mitarbeiter des *Memphis Press-Scimitar*. Mr. Roark berichtet, daß er den Tip für diese Geschichte von Bert Vincent vom *Knoxville News-Sentinel* bekommen hat, jedoch schrieb mir Mr. Vincent in einem Brief, daß er einige Zweifel an der Wahrheit einer so langen Wanderung durch Städte und Großstädte und über Flüsse und durch Wüsten hatte.

Bosco gehörte einer Familie namens Flanigan, und Mr. Vincent zweifelt nicht an der Aufrichtigkeit ihrer Überzeugung, daß der Hund, der eines Tages vor ihrer Veranda erschien, tatsächlich der heimkehrende Bosco war. Der Hund trug weder ein Halsband noch eine Hundemarke und konnte nur auf der trügerischen Basis seiner Kennzeichen und seines Benehmens identifiziert werden. Der Langstreckenrekord Boscos muß schließlich als ein Fall angesehen werden, der sich nur vor dem Tribunal der Sage behaupten kann, falls mir diese Ausdrucksweise gestattet ist. Weit reisende Hunde sind so allgemein bekannt geworden, daß abgehetzte Redakteure dieses Tätigkeitsfeld gern den Redakteuren der Gesellschaftsnachrichten übertragen möchten, und wir können in Kürze erwarten, auf Berichte wie den folgenden zu stoßen: «Rover, ein Bullterrier, Eigentum von Mr. und Mrs. Charles L. Thompson, hier, kehrte gestern in sein Heim auf der Maybury Avenue 2334 zurück nach einem viermonatigen Aufenthalt in Florida, wo er im vorigen Februar verlorenging. Mr. und Mrs. Thompsons Tochter Alice Louise wird morgen aus Shipley zurückerwartet, um hier ihre Sommerferien zu verbringen.»

Übrigens möchte ich der Korrektheit halber erwähnen, daß meine beiden letzten Zeitungsausschnitte über lange Wanderungen von Katzen handeln: Kit-Kat, von Tahoe See nach Long Beach in Kalifornien, 525 Meilen; Black, Stamford, Connecticut, nach Atlanta, Georgia, 1000 Meilen.

Der heimkehrende Hund wurde vor einigen Jahren geradezu vergöttert, als der Film *Lassie kehrt heim* einen Collie zeigte, der in Dunkelheit und Sturm meilenweit durch ein wildes und unbekanntes Land zu seinem jungen Herrn zurückkam. Dieses Millionendollar-Beweisstück der Treue, eine Art unbewußten Gedenkens an den verstorbenen Albert Payson Terhu-

ne, mag vielleicht Bergen Evans zu seinem Aufsatz inspiriert haben.

Im Falle des «verlorenen» Hundes von der nächsten Ecke jedoch vermute ich, daß er sich auf einem etwas unsicheren Boden bewegt. Er nimmt an, daß der Hund nicht zurückkehrt, weil er den Weg nicht finden kann. Wenn dieser Schluß auf die Tausende von Menschen angewandt würde, die jedes Jahr aus ihren Wohnungen verschwinden, würde er sie von jedem Makel außer Mangel an Orientierungssinn befreien, und das ist eine zu leichte Erklärung für Menschen wie für Tiere. Prinz, der Hund, mag genauso viele Gründe für sein verflixtes Weglaufen und Wegbleiben haben wie George, der Ehemann: ein anziehendes weibliches Wesen, ein neuer Gesichtskreis, eine Abwechslung im tristen Alltag, eine Erleichterung der strengen Zucht. Der Hund, der nicht nach Hause kommt, ist ein zu großes Aufgabengebiet für einen Forscher, und so will ich mich auf Jeannies Fall beschränken.

Jeannie hatte keine hervorstechenden Merkmale, die zu erwähnen wären. Ihr Maul war dürftig, ihre Flanken schwach, ihre Vorderbeine leicht gekrümmt. Ihr Denkvermögen war gering und ihre Assoziationsfähigkeit nur genügend. Sogar wenn sie ruhte, war ihre Haltung angestrengt und unbequem wie die einer Frau auf dem Fahrrad. Jeannie gewöhnte sich nur langsam und zögernd an alle Dinge, einschließlich des Wetters; Regen war eine persönlich gegen sie gerichtete Hand, Schnee ein Vorzeichen des Bösen, Donner das Ende der Welt. Sogar die sanfteste Brise sog sie mit besorgter Miene ein, als zeige sie das Erscheinen eines Untieres an, mindestens so groß wie ein Omnibus.

Jeannie machte sich alles so schwierig wie möglich. Sie scharrte immer nur mit einer Pfote und schob sich seitlich durch die Gittertüren. Als sie sechs Monate alt war, versuchte sie, einen Knochen im Innenteil der *New York Times* zu vergraben und stieß zuversichtlich und vergeblich mit ihrer Schnauze auf das Zeitungspapier. Sie bekam bald eine ständig gerunzelte Stirn und dadurch das Aussehen eines Wesens, das mit Handschuhen eine Uhr zu reparieren versucht.

Jeannie verbrachte die ersten zwei Jahre ihres Lebens in der Großstadt, wo ihre Erlebnisse an der frischen Luft auf Spaziergänge um den Block beschränkt waren. Als sie mit aufs Land genommen wurde, klammerte sie sich wochenlang an den häuslichen Herd und steckte nur ab und zu die Nase auf einen ängstlichen Schnüffler hinaus in das, was sie für Gottes große Scotty-Falle hielt. Der Geruch der Maulwürfe auf dem Rasen und das Herumhüpfen der Eichhörnchen veranlaßten sie endlich zu einer probeweisen Expedition in den Garten, aber es dauerte nicht lange, ehe sie der Spur des Igels bis hinauf zum Waldrand folgte.

Innerhalb weniger Monate gewöhnte sich Jeannie daran, das Haus bei Sonnenaufgang zu verlassen und wiederzukehren, wenn es dunkel wurde. Ihre Ausflüge schienen ihr gutzutun. Sie fing an, glänzend, fett und geschniegelt auszusehen und zugleich angenehm überrascht wie eine Frau, die mehr Geld in ihrer Handtasche vorfindet, als sie zu besitzen glaubte. Eines Tages entschloß ich mich, ihr heimlich zu folgen, und sie führte mich in einer mühseligen zwei Meilen langen Verfolgung zu einem Platz, an dem eine große Gruppe Sommerfrischler in einer Reihe von Häuschen an einem See hauste. Jeannie, wie sich ergab, war das Maskottchen der Siedlung. Sie hatte sich hineingedrängt und schon eine ganze Weile ihre Tage damit verbracht, die Villenbesitzer um gebratene Fleischklößchen, Bratkartoffeln, Kuchen und Zuckerwerk zu schädigen. Sie wunderten sich, woher der hübsche kleine Hund morgens kam und wohin er abends ging.

Jeannie hatte sie mit ihrem einzigen Kunststück besiegt. Sie konnte sich aufrecht setzen, es fiel ihr nicht leicht, aber es sah ergötzlich aus, wenn sie ihre rechte Vorderpfote unternehmend auf ein Stück Holz oder einen Stein stützte. Ihre aufrechte Haltung war schwankend und unsicher, aber wenn sie nach hintenüber oder zur

Seite fiel, wurde sie genauso belohnt, wenn nicht sogar reichlicher. Sie konnte nicht verlieren. Die Siedlung war leicht zu beglücken.

Die kleine Dame mit ihrem einzigen Trick war langsam von Begriff, aber allmählich kam sie dahinter, daß die lange Reise nach Hause nach ihren Orgien Zeitverschwendung war. Oh, sie kannte den Weg zurück durchaus – durch welches unwahrscheinliche System von Erkennungszeichen habe ich nie erraten können –, aber wenn sie nach Hause kam, zahlte es sich nicht aus, es gab nur einmal am Tage eine einfache, bekömmliche Mahlzeit. Das war ganz in Ordnung für junge Hunde und für sehr alte und Spaniels, aber nicht für einen Terrier, der jenseits der Berge zu Reichtum gekommen war. Sie nahm die Gewohnheit an, tagelang wegzubleiben. Ich mußte sie im Wagen abholen und sie zurückbringen.

Eines Tages brachten sie die Sommerfrischler, die eine Wanderung machten, selbst zurück, und Jeannie begriff, daß das Spiel aus war, denn die Besucher glaubten offenbar an das ihr überlebt vorkommende Prinzip des gesetzlichen Eigentums. Sie erwiesen sich zu Jeannies Unmut als Anhänger der Treue zu einem einzigen, eine Tugend, über die sie hinausgewachsen war. Als ich das nächste Mal zu der Siedlung fuhr, um sie abzuholen, war sie nicht da. Schließlich fand ich durch den Postboten heraus, wohin sie gegangen war. «Ihr kleiner Hund ist auf der gegenüberliegenden Seite des Sees», sagte er. «Sie wohnt da mit einer Lehrerin auf der anderen Seite des Sees.» Ich fand sie ganz leicht.

Als die Lehrerin eines Morgens ihre Tür geöffnet hatte, entdeckte sie einen kleinen Scotty, der im Vorgarten saß und bettelte. Die niedliche kleine Besucherin hatte ihre Gastgeberin dann noch um drei Mahlzeiten am Tage geschädigt, gelegentlich kam auch Schokolade hinzu. Aber ich hatte ihr Versteck entdeckt, und als sie das nächste Mal von zu Hause verschwand, zog sie zu neuen Weideplätzen. «Ihr kleiner Hund lebt mit Leuten drüben in der Nähe von Danbury», erzählte mir der Postbote eine Woche später. Er erklärte mir, wie ich das Haus finden konnte. «Zum Teufel damit», sagte ich, aber ein paar Stunden später stieg ich in den Wagen und machte mich doch zu ihr auf. Sie lag auf der Vorderveranda ihres gegenwärtigen Heimes in der Pose glühenden Besitzerstolzes. Als ich am Randstein hielt, raste sie laut bellend die Stufen herunter, nicht um ihren Herrn zu begrüßen, sondern um einen Eindringling zu verscheuchen. Als sie nahe genug herangekommen war, um mich zu erkennen, fiel ihre Angriffslust in sich zusammen. «Nächstes Mal hast du vielleicht mehr Glück», sagte ich kalt. Ich öffnete die Tür, und sie kletterte langsam in den Wagen und auf den Sitz neben mir. Während der ganzen Fahrt

nach Hause starrten wir beide geradeaus.

Jeannie war ein verlorener Hund, in anderer Weise verloren als Bergen Evans es versteht. Man konnte nichts dazu tun. Ich hatte schließlich mein eigenes Leben zu leben. Es würde nicht mehr lange dauern, bis ich ihr nach Stamford oder Darien oder wo auch immer die Fleischsoße am dicksten und der Klee am süßesten war, folgen müßte. «Ihr kleiner Hund ist...» fing der Postbote ein paar Tage später an.

«Ich weiß», sagte ich. «Danke», und ging ins Haus zurück. Sie kam etwa drei Wochen später aus eigenem Antrieb zurück, und ich glaube, daß sie tatsächlich Anstalten machte, sich einzugewöhnen. Es war jedoch zu spät, und ein paar Veränderungen waren kürzlich in dem Haus vor sich gegangen, das ihr bisher ausschließlich gehört hatte. Ein Pudel war schon früher in den Familienkreis aufgenommen worden (es war Medeve), und kürzlich hatte er einen Wurf von vier männlichen und sieben weiblichen Jungen zur Welt gebracht. Das hatte Jeannies Macht und Beliebtheit um ein Zwölftel vermindert und sie entmutigt. Es kann kein Zweifel darüber bestehen, daß das Erscheinen der Neuankömmlinge sie zu ihren Reisen veranlaßt hatte, die sie weiter und weiter und immer länger von zu Hause fortgeführt hatten. Dann kam der letzte und vernichtendste Schlag: ein kleines Mädchen wurde ihren Besitzern geboren.

Jeannies letzter und vergeblicher Versuch, sich anzupassen, wie ernsthaft gemeint er auch gewesen sein mag (und ich zweifle, daß sie wirklich mit dem Herzen dabei war), dauerte nur so lange, bis das Baby in der Lage war, herumzutappeln. Das war allerdings eine lange Zeit in der Zeitrechnung eines Hundes. Die Tatsache, daß sie nicht mehr der Liebling im Haushalt war, veranlaßte sie eines Tages, nach dem Baby zu schnappen und es unter das Auge zu beißen. Das kommt oft, viel zu oft vor, wenn ein Kind einem lange vorhandenen Haustier den Rang abläuft. In solch einer Situation ist eine sichere und warm empfohlene Regel, dem Thurberschen Gesetz zu folgen: Niemals ein Baby anschaffen, wenn ein Hund da ist, immer den Hund anschaffen, wenn das Baby da ist.

Einen Hund loszuwerden, ist für seinen Besitzer nicht leicht, aber es wird absolut notwendig, wenn der Hund sich gegen ein Kind wendet, denn seine Feindseligkeit kann niemals mit Sicherheit überwunden werden. Wir gaben Jeannie an ein Ehepaar, das keine Kinder hatte und Hunde liebte. Sie waren großzügig mit Futter und Süßigkeiten, und das neue Heim war ein Paradies für einen Nassauer. Im Jahre 1935 starb Jeannie im Alter von neun Jahren, reich an Jahren und, daran zweifle ich nicht, an Schokolade. Wir bekamen einen sehr freundlichen Brief von den Leuten, mit denen sie ihre letzten Tage verbracht hat. Ich glaube nicht, daß sie uns erkannt haben würde, wenn wir sie besucht hätten, oder daß sie höflich mit uns gesprochen hätte, wenn sie uns erkannt hätte. In gewisser Weise, meine ich, kann man ihr das nicht übelnehmen, und ich tue es auch nicht.

Die Monroes finden einen Bahnhof

Kurz nach neun Uhr blickte der kleine Mr. Monroe, der bequem in einem tiefen Sessel unter der Lampe saß, besorgt über sein Buch hinweg.

«Wohin gehen wir?» fragte er argwöhnisch.

«Der französische Pudel kommt heute abend 9 Uhr 30 aus Chicago an», sagte seine Frau. «Ich habe es dir nicht vorher gesagt, weil ich wußte, daß es dir das Abendessen verderben würde, aber es ist wirklich gar nichts, Liebster. Wir gehen einfach hin und holen das Hündchen am Bahnhof ab, damit es nicht die ganze Nacht im Verschlag bleiben muß. In dem Frachtbrief ist die Adresse genau angegeben.» Sie nahm einen Brief aus ihrer Handtasche und reichte ihn ihrem Mann. Nach eingehendem Studium las Herr Monroe einen Satz langsam vor: «Gehen Sie zum Westbahnhof an der Sechzehnten Straße und fragen Sie nach dem Postwagen des New York Central-Zuges Nr. 608, der um 9 Uhr 30 einläuft.»

«Es ist nur ein Schritt ...» sagte Mrs. Monroe besänftigend. (Die Monroes lebten damals in den Sechzigern-Ost.)

«Das ist mal wieder einer von den Briefen, bei denen nichts stimmt», sagte John Monroe weise. «Wir gehen zur Sechzehnten Straße, und da sind eine Masse Häuser, groß, dunkel und verschlossen, beleuchtet von unheimlichen Straßenlaternen. Ich frage einen Mann, wo der Westbahnhof ist, und er weiß es nicht. Du kannst nicht direkt zu einer Endstation gehen und einen Hund abholen. Ich bin lange genug auf der Welt, um das zu wissen.»

«Du versuchst bloß, ironisch zu sein», sagte seine Frau. «Du machst immer alles unnütz schwer.»

«Schon gut, schon gut», sagte Mr. Monroe, «aber du wirst es ja sehen.» Mit einem harten Lächeln erhob er sich schwerfällig aus seinem Sessel, nahm seinen Hut und Mantel, und sie gingen hinaus und winkten einem Taxi.

«Westbahnhof», sagte Mrs. Monroe entschlossen zu dem Fahrer.

«Was für ein Westbahnhof?» fragte der Fahrer. Nach einem langen Gespräch, an dem sich der triumphierend grinsende Mr. Monroe nicht beteiligte, kam heraus, daß der Taxifahrer nichts von einem Westbahnhof wußte, an dem ein Hund sein könnte. Mrs. Monroe trug ihm auf, zur Sechzehnten Straße und langsam in westlicher Richtung weiterzufahren, was er schließlich auch tat, obwohl er Mr. Monroes hochgradigen Zweifel teilte. Die Straße war schlecht beleuchtet und von Kinderlärm erfüllt. Je weiter westlich die Monroes kamen, desto größer, finsterer und fester verschlossen waren die Häuser. Sie fuhren bei M. M. Cohen Co., Papier und Bindfaden, vorbei, an der Ajax-Schwundprüfungsgesellschaft, am Ozaman-Klub Nr. 2 und an einem Kupfernietwerk. Nichts glich einem Bahnhof. An der Ecke der Zehnten Avenue bat Mrs. Monroe den Fahrer, in der Nähe des größten und dunkelsten Gebäudes anzuhalten.

«Ich denke, das ist er», sagte sie fröhlich. Ihr Mann erhob sich und blickte hinaus.

«National Biskuit-Company», sagte er. «Hundekuchen, aber keine Hunde.» Er lehnte sich zurück und lächelte das Lächeln, das seine Frau am meisten verabscheute. Er fing an, leise zu summen. Der Fahrer sah sich um.

«Du könntest aussteigen und jemanden fragen», schlug Mrs. Monroe ihrem Mann vor. Das tat John Monroe unter merkwürdigem Gemurmel. Er hielt einen Mann an, sprach kurz mit ihm und kehrte zum Taxi zurück.

«Er sagte, ein Bursche namens Joe hat ein Speditionsbüro in dieser Straße und transportiert Klaviere», sagte Mr. Monroe finster. Der Chauffeur fuhr weiter. Gerade um die Ecke herum an der Elften Avenue ragte ein vielversprechendes Gebäude auf. Mr. Monroe sah hinaus.

«Lumpenwäscherei AG», sagte er.

«Ich kann lesen», sagte seine Frau kurz. Nach einem Augenblick stieß sie einen leisen Schrei aus. «Sieh mal, John», sagte sie, «da ist es!» Sie deutete auf ein paar Güterwagen in einem kleinen Verschiebebahnhof auf der gegenüberliegenden Seite. In einer Baracke, auf der

N. Y. C. R. R. zu lesen war, brannte Licht. Sie stiegen aus dem Taxi und stolperten über die Straße. Ein untersetzter, grauer, tauber Mann mit silbergeränderter Brille erschien auf ihr Klopfen. Von Anfang an begriff er nicht richtig, was gewünscht wurde, aber er verstand doch genug, um mit Sicherheit zu leugnen, daß ein Pudel in dem Bahnhof sei.

«Wo, glauben Sie, daß der Hund sein könnte?» fragte ihn Mrs. Monroe.

«Meine Dame», sagte er, «das weiß ich nicht.»

Mrs. Monroe war nun dafür, auf den Bahnhof zu gehen und an die Güterwagen zu klopfen. «Er könnte vielleicht bellen», erklärte sie.

Mr. Monroe führte sie zum Taxi zurück. «Du kannst einen Hund nicht mit aller Gewalt von einem Bahnhof holen», sagte er unfreundlich. «Wir gehen nach Hause und überdenken die Sache. Als erstes: kommt er per Expreßgut oder per Frachtgut – weißt du das?» Er hatte seine beschützerische Weltmannspose eingenommen.

«Die Expreßgesellschaft schickt ihn per Fracht», sagte seine Frau, etwas gedämpft nach den Erfahrungen des Abends.

«Das tut sie nicht», sagte Mr. Monroe. «Das sind zwei verschiedene Dinge.» Sein Ton drückte jedoch wenig Überzeugung aus. «Wahrscheinlich Expreßgut», fügte er hinzu. «Ich glaube, nur Möbel werden per Frachtgut geschickt.»

«Ich glaube kaum», sagte Mrs. Monroe, «daß sie dem armen Hundi Wasser gegeben haben.»

«Der Hund hat Wasser; wir kriegen den Hund», sagte ihr Mann mit den Allüren eines Generaldirektors.

«Ich weiß nicht», sagte seine Frau zweifelnd. «Sie treten auf ihre Näpfchen.» Schweigsam fuhren sie nach Hause.

Als sie wieder in ihrer Wohnung angekommen waren, fragte er nach dem Telefonbuch, und Mrs. Monroe fand es schließlich auf Mr. Monroes Bett. «So», sagte er, «jetzt sieh mal unter New York Central nach.» Das tat sie und fing an zu lesen: «Generaldirekt ...»

«Weiter», sagte Mr. Monroe.

«Frachtbahnhöfe», fuhr seine Frau fort. «Pier 34 East River bei Rutgers Helling, St. John Pk Laight und Varrick ...»

«Gib mir das Buch», sagte Mr. Monroe wichtigtuerisch. Er nahm es, blätterte ein paar Seiten um, zog die Stirn kraus und fing an, sich nervös umzusehen.

«Unter deinem Stuhl», sagte seine Frau. Er langte unter seinen Stuhl und fand seinen Tabaksbeutel. «Nun sieh unter Amerikanisches Eisenbahn-Eilgut nach», fuhr seine Frau fort. Mr. Monroe tat das, nachdem er seine Pfeife gestopft hatte.

«Hier haben wir's», sagte er. «Amerikanisches Eisenbahn-Eilgut: Ermittlungsstelle, Beschwerdestelle, Aufbewahrungsstelle – ah, das wird's wohl sein – Fünfundfünfzigste Straße 438 West. Wenn Dinge eingetroffen sind, sind sie sozusagen in Aufbewahrung . . .»

«Das kann es nicht sein», unterbrach seine Frau. «Da haben sie Hunde eine Woche lang oder noch länger. Gib mir das Buch.»

Sie ging hinüber und nahm es. Sorgfältig und besonnen studierte sie die Eintragungen. «Hier», sagte sie, «Frachtbahnhöfe: Zehnte Avenue und Dreiunddreißigste Straße, Lexington und Neunundvierzigste. Also Lexington ist östlich und der andere westlich – es muß Zehnte Avenue und Dreiunddreißigste Straße sein. Ich werde die Nummer anrufen.»

«Hat keinen Zweck», sagte der Gatte voll Mitgefühl. Er gähnte und fing an, die Schuhe auszuziehen. «Der Spediteur könnte so weit nicht weg sein – von der Sechzehnten zur Dreiunddreißigsten Straße. Wenn du da anrufst, wird ein Kerl mit deutschem Akzent antworten und alles abstreiten. Warte bis morgen und ich rufe einen . . .»

Aber Mrs. Monroe war bereits am Telefon. Plötzlich sprach sie angeregt. «Ja, 608. Ein kleiner schwarzer Hund. Er ist da? Oh, haben Sie das gemacht? Ach, das ist schön! Wir sind gleich da!» Sie hängte den Hörer ein. «Er ist da!» rief sie.

«Der Mann sagte, er hat den Hund gesehen – der Wagen ist gerade eingelaufen. Schnell, wir wollen sofort hingehen und ihn abholen! Er muß durstig sein!»

Mr. Monroe beeilte sich nicht. Er zog langsam seine Schuhe wieder an und lächelte seltsam wie ein Diplomat bei einer Konferenz.

«Siehst du, meine Liebe», begann er, als sie wieder hinausgingen, «du mußt an solche Dinge sorgfältig und überlegt herangehen und logisch ausrechnen, wo ein Hund, der von Chicago abgeschickt wird, natürlicherweise ankommen . . .»

Seine Frau lächelte, sogar noch seltsamer, als er es getan hatte, und küßte ihn.

«Mein großer, starker, wunderbarer Mann», sagte sie. «Er denkt an alles.»

Christabel

Erster Teil

Präsident Trumans Talent für Beschimpfungen würde die Bewunderung des alten Andy Jackson erregen, der in einer Schlacht verwundet wurde, ein halbes Dutzend Duelle ausfocht, jedoch bei dem Gedanken, die Marineinfanterie der Vereinigten Staaten zu beleidigen, erblaßt wäre. Die starken Vorwürfe des Präsidenten, für die er sich später so mutig und großzügig entschuldigte, ließen die Schwerter und Helme in den Hallen Montezumas erklirren und den Sand an den Küsten von Tripolis aufwirbeln.[1] Und während die Nation noch unwillig murrte, ließ Mr. Truman sein nächstes Geschoß bereits unter das Kinn von John L. Lewis schwirren und verkündete, er denke nicht daran, den Gewerkschaftsführer zum Gesandten in Moskau zu machen, er würde ihn nicht einmal zum Hundefänger ernennen.

Da nun Mr. Lewis nichts mehr gelegen kommt, als ein Wortwechsel auf dreißig Schritt Entfernung, nahm er seine juwelenbesetzten Duellpistolen heraus und feuerte. Wie es sich so

1 «Von den Hallen Montezumas bis zum Sand von Tripolis» ist ein der Marineinfanterie gewidmetes Soldatenlied.

oft bei solchen Wortgefechten ergibt, traf einer der Schüsse einen unschuldigen Zuschauer: meinen alten Freund, den französischen Pudel. Gewisse Angestellte des Außenministeriums wurden anklagend «Intellektuelle Pudel» genannt. Der schwerzüngige Redner der Kohlengruben versuchte offenbar, mit diesem gehässigen und grundlosen Hieb anzudeuten, daß Pudel intelligente Narren seien.

Ich bin nun ein intimer Freund von Pudeln und habe im Laufe der Zeit eine stattliche Anzahl davon gehabt, genau gesagt, im ganzen fünfundzwanzig. Ich habe weder je einen schlechten Pudel gekannt noch von einem gehört. Sie sind die bezauberndsten aller Lebewesen, die menschlichen eingeschlossen, und glücklicherweise fehlt ihnen des Menschen Angriffslust, seine Reizbarkeit, sein Zorn und die Wildheit seines Planens. Dennoch haben sie Mut, und sie kämpfen gut und anständig, wenn sie kämpfen müssen. Zieht der Pudel in den Kampf, so senkt er den Kopf, greift schnell an und beendet sein Vorhaben ohne müßigen Redeschwall oder falsche Sticheleien. Eines Tages hat mein neunjähriger französischer Pudel in zehn Sekunden drei rote Eichhörnchen getötet und so das Leben von Hunderten von Singvögeln, der natürlichen Beute des roten Räubers, gerettet. Er hat nie ein graues Eichhörnchen oder einen freundlichen Hund angegriffen, und während er, wie ich zugeben muß, seit dem Jahre 1942 in einen Kalten Krieg mit Katzen verwickelt ist, ist er zu sanft und zu klug, auch nur zu versuchen, eine auseinanderzunehmen, um herauszufinden, weshalb sie schnurrt.

Ich muß gestehen, daß manche Pudel sich vor dem Blitz fürchten, vor dem Türenknallen, vor Pistolenschüssen, vor starkem Wind und Dingen, die in der Nacht Lärm machen. Aber das geht mir genauso. Manche sind reizbar und nervös, aber wenige sind neurotisch, und sie besitzen Humor, Empfindsamkeit und Würde. Mein eigener Pudel ist heute ein Feinschmecker und morgen ein vulgärer Vielfraß. Christabel liebt rohes Steak, provenzalische Froschschenkel, Pastete, alle Sorten Käse, Schokolade in jeder Form und ein furchtbares Durcheinander von Dingen, die sie in Feldern und Wäldern findet, alte und neue, vergrabene und frische. Wie die meisten männlichen Menschenwesen hält sie Salat und anderes Grünzeug für Kaninchenfutter. Daß ein Hund, der einen Auflauf mit höchstem kennerischem Genuß verspeist, sich mit demselben Interesse auf einen in Milch getunkten Knochen oder etwas so furchtbar Unappetitliches wie den sogenannten Hundekuchen stürzen kann, ist mir unverständlich. Pudel hassen es, wenn man mit ihren Ohren herumspielt oder ihnen die Temperatur mißt, genau wie ich, und ebenfalls genau wie ich sind sie davon überzeugt, daß Tiere, die in Erdlöchern hausen, dreimal größer sein müssen als sie wirklich sind. Sie sind liebenswürdig und tolerant, mit einem gesunden Vorurteil gegen Motorradfahrer, gegen Leute, die Bäume beschneiden, und Skilehrer. Sie mögen Fleischer gern, Bäcker und Gemüsehändler, neigen aber zu der Ansicht, daß die Besuche der Männer, die Wäsche und Kleider für die Reinigung abholen, gar keinen Sinn haben und deshalb abgewehrt werden müssen. Sie sind wunderbare Freunde, Vertraute und Hausgäste und sind zwingenden Beweisen und Überredungskünsten durchaus zugänglich. Meine Pudelin und ich sind nur in zwei Punkten verschiedener Meinung. Sie behauptet, daß mein Wagen ein Pudillac ist, der ihr und nicht mir gehört, und daß das Geräusch des Donners von einem vierfüßigen Ungeheuer in der Größe eines Berges verursacht wird. Nur einen Flecken gibt es auf der Ehre meiner Hündin: Sie hat mir einmal ein Eierbrötchen gestohlen und dann meiner Frau erzählt, ich habe es ihr geschenkt.

Viele meiner Freunde haben Pudel, unter ihnen Charles Addams, der berühmte Dämonenforscher. Sein Pudel heißt «Tulpe». Können Sie damit etwas anfangen, Mr. Lewis?

Der Pudel ist ein ausgezeichneter Jagdhund, und in den alljährlichen amerikanischen Dressurprüfungen schlägt er oft die anderen Apportierhunde. Meine eigene Hündin ist nicht zum

Apportieren abgerichtet worden, und jetzt, im Alter von neun Jahren, ist sie davon überzeugt, daß es ein nutzloser circulus vitiosus ist, nach einem Ball zu jagen und ihn zurückzubringen. Am Schluß wird man nur müde und bleibt an derselben Stelle, an der man anfangs war. Doch spielt sie gern Verstecken, und in meinem Haus beginnt der Tag immer mit einem lächerlichen Versuch meinerseits, mich in einem der acht oberen Räume vor ihr zu verbergen. Wenn sie mich findet – und gewöhnlich dauert das bei ihr nicht länger als zehn Sekunden –, grinst sie von einem Ohr zum anderen; ihre Augen blinzeln, und sie bringt ein unmißverständliches Gelächter hervor. Nur ein einziges Mal habe ich sie angeführt, und das war eines Morgens, als ich sie rief und dann ins Bett zurückkroch. Das war gegen die Spielregeln, und sie machte mir deshalb Vorwürfe und weigerte sich bis zum späten Nachmittag, mir die Hand zu geben.

Da der unglückliche Brauch besteht, sie für Hundeschauen so komisch zu scheren, haben Leute wie John Lewis eine entstellte Auffassung von Pudeln. Früher glaubte man, daß die bedauernswerte Gewohnheit, Hanswurste aus Humoristen zu machen, auf die Regierung eines grausamen und spielerischen römischen Kaisers zurückginge. Aber so alt ist die Rasse noch nicht. Manche Leute hoffen, daß eines Tages das affektierte Zurechtstutzen abgeschafft werden und dadurch dem Pudel Gelegenheit gegeben wird, seine wahre Persönlichkeit und seine wirkliche Natur durchzusetzen. In den letzen zwanzig Jahren sind Pudel in Amerika beliebter geworden und haben es erreicht, daß sie, ohne verhöhnt zu werden, auf der Straße spazierengehen können. Im Jahre 1929 hatte übrigens einer meiner Pudel, der auf der Westminsterschau in New York ausgestellt wurde, so wenig Konkurrenz, daß er bereits nach zwei Minuten das Blaue Band in seiner Klasse gewann. Die Dame, die ihn vorführte, brach vor Überraschung in Tränen aus, als der Richter ihrem Hund den ersten Preis gab. Die Hündin fing augenblicklich an zu heulen, weil sie fälschlicherweise annahm, ihre gemeinsamen Tränen sollten ihre Unzufriedenheit über den Richter, über das Durcheinander und das ganze quälende Schauspiel ausdrücken.

Der Pudel ist ein freiheitsliebender Hund und läßt sich nicht gern einsperren. Die Hündin, die ich gerade jetzt besitze, hat sich einmal durch das Fenster eines verschlossenen Wagens in die Freiheit herausgeschlagen und -gebissen. Pudel brauchen halb soviel Zeit wie Hunde jeder anderen Rasse, um als Blindenhunde ausgebildet zu werden, aber man verwendet sie selten zu diesem Zweck, weil ihr unabhängiger Geist gegen die Wiederholung eines gleichmäßigen Ablaufs rebelliert, weil sie Maulkörbe und Leinen hassen und weil sie darauf bestehen, ihre eigenen Maßstäbe anzulegen. Pudel sind überzeugte Anhänger der Freiheit, eine Sache, die in unserer Zeit selten geworden ist, und es sollte ihnen erlaubt sein, sich ihrer zu erfreuen.

Wenn meine Hündin stirbt, werde ich sie kummervoll unter einem Apfelbaum begraben und mich mein ganzes Leben lang an ihren wachen Geist und ihre sanfte Heiterkeit erinnern.

Christabel

Zweiter Teil

Meine Pudelhündin ist im vergangenen Jahr vierzehn Jahre alt geworden und ist immer noch ungeheuer lebendig. Sie rutscht leichter als früher auf dem Linoleum aus, macht merkwürdige Geräusche im Schlaf und seufzt häufig, aber mehr, als ob sie sich etwas Neues ausgedacht hätte, nicht aus Resignation. Ihre Ohren sind weniger scharf als früher, und oft bellt sie etwas an, das gar nicht vorhanden ist, oder verschläft etwas, das wirklich existiert. Ihre Augen sind nicht besser als meine, aber da sie ihren Weg so gut wie je erschnuppern kann, stößt sie seltener an als ich. Ich habe munkeln hören oder mir vielleicht nur eingebildet, zu hören, daß der Pudel lange genug leben wird, um mein Begräbnis unter dem Apfelbaum noch mit anzusehen. Als sie voriges Jahr auf dem Küchenlinoleum hinfiel und sich ihre rechte Schulter verstauchte, hat ihr der Tierarzt ein paar Spritzen Cortison gegeben, und sie kam glücklich und unbekümmert wie ein Schulmädchen in den Ferien vom Zwinger zurück. Außerdem war sie der festen Überzeugung, daß unsere Uhren zwei Stunden nachgingen und es Zeit zum Abendessen wäre. Irgendwann einmal, wenn ich lange tot bin, werden die Leute, die jetzt an meiner Tür haltmachen, um sich nach dem Weg zur Pines Kathedrale zu erkundigen, wissen wollen, ob sie ihren Engeln den vierzig Jahre alten französischen Pudel zeigen dürfen.

Ihr Zwingername war Christabel, und sie ist ein *caniche moyen* oder mittelgroßer französischer Normalpudel. Die meisten Leute halten alle Pudel, ob Normal- oder Miniatur- oder Schoßhundausgabe, für französische, und noch vor ein paar Jahren ging es mir ebenso, bis ich angefangen habe, in Hundebüchern und Lexika zu stöbern. Der Pudel hat in Wahrheit seinen Namen von dem deutschen Wort *«paddeln»*, was soviel wie im Wasser umherplätschern bedeutet, denn diese ursprünglich deutschen Hunde waren daran gewöhnt, Enten zu apportieren. Es geht die Sage, daß ein Jagdpudel die ganze Nacht auf einem See umherschwamm und nach einer verlorenen Ente suchte. Dies erklärt den sogenannten kontinentalen Haarschnitt des Pudels, den jeder kennt und der manchen so lächerlich erscheint. Der hintere Teil des Pudelkörpers wurde offenbar deshalb abgeschoren, um ihm größere Beweglichkeit und Schnelligkeit im Wasser zu verleihen. Die «Armreifen» an den Vorderbeinen und die Troddeln oder Epauletten in der Nähe der Hüftknochen wurden stehengelassen, um ein Steifwerden der Gelenke nach einer langen Streife in den Jagdgewässern zu vermeiden. Es heißt weiterhin (erst kürzlich in T. H. Tracys ‹*Das Buch vom Pudel*›), daß die Quaste am Ende des Stummelschwanzes dazu diente, daß der Jäger den Bewegungen seines Hundes im Wasser folgen konnte! Das Ausrufungszeichen ist von mir, weil es sicherlich der Vorderteil des schwimmenden Hundes ist, der am leichtesten entdeckt werden kann. Ich bin der festen Überzeugung, daß in Kürze jemand die Theorie aufstellen wird, das rote Band, das mancher Pudel im Haar trägt, wäre ursprünglich hineingebunden worden, um dem Entenjäger zu helfen, seinen umherschwimmenden Hund ausfindig zu machen.

Der Verteidiger des Pudels hat genug zu tun, ganz gleich, aus welchen Leuten der Gerichtshof besteht, an den er sich wendet – Hundehassern, Dackel- oder Boxerbesitzern oder Witwen mit Schoßhund. Das Wort «Pudel» ist schon schlimm genug, aber die Zwinger-Namen dieser Rasse sind schlimmer: Flohhupferl Distelflaum von der Weißen Schlucht, Zwinkerzeh der Dritte, Kleiner Häuptling Donnerfuß vom Kriechpfad und andere unwahrscheinliche Zusammensetzungen aus süßem Schmus und enttäuschter Mutterliebe oder was es sonst sein mag, das solche Namen hervorbringt. Vor einigen Jahren wurden die Park Avenue, der Broadway und Beverly Hills von der Zuneigung zu Pudeln erfaßt, und diese Zusammenstellung hat Kosenamen hervorgebracht wie Chi Chi, Frou Frou,

Puff Puff, Zsa Zsa – ach, lassen Sie mich um Gottes willen nicht noch mehr aufzählen. Der verschönernde Haarschnitt des Pudels, der in allen Hundeschauen *de rigeur* ist, weil man ihn für die beste Möglichkeit hält, das Fell des Hundes und einige andere seiner besten Eigenschaften zu zeigen, hat die Leute seit fast fünfhundert Jahren gegen den großen Enten-Apportierhund eingenommen. (Es scheint keinen stichhaltigen Beweis dafür zu geben, daß Pudel schon vor der letzten Hälfte des fünfzehnten Jahrhunderts existierten, und die Sage von dem alten römischen Kaiser, der sie so geschoren hat, damit sie wie Löwen aussehen, ist natürlich anzuzweifeln.) Was auch die Wahrheit sein mag, der Pudel wäre längst in den höheren Gesellschaftsschichten zur Stadt und aus dem Land hinausgelacht worden, hätte er nicht den gut ausgeführten und reizvollen Haarschnitt, den sogenannten holländischen Schnitt.

Der Pudel ist immer die Zielscheibe von Witzen gewesen, die, soweit ich herausfinden konnte, alle auf schwachen Füßen stehen, angefangen von Benjamin Disraeli bis zu John L. Lewis, und dies hat die schlechte Meinung nur bestärkt, daß der weiseste aller Hunde ein beschränkter und hohlköpfiger Komiker ist. Die meisten seiner Verteidiger, die versuchen, den Pudel gegen diese Verleumdung in Schutz zu nehmen, bringen nichts weiter fertig, als ihn immer nur noch närrischer erscheinen zu lassen. Nur wenigen

Leuten ist es gelungen, die komischen Talente eines Pudels in Wort oder Schrift zum Ausdruck zu bringen. Das Lebendige und Wesentliche verschwindet beim Nacherzählen einer Pudelgeschichte. Genau wie bei einer undeutlichen Schallplattenaufnahme eines schlechten W. C. Fields-Imitators. Meine Pudelhündin – und es freut mich, das festzustellen – begrüßt einen Besucher nicht an der Tür und nimmt ihm Hut und Handschuhe ab, sie spielt auch nicht für Gäste Klavier, noch rückt sie die Figuren auf dem Schachbrett, noch trägt sie eine Brille und raucht Pfeife, noch nimmt sie Telefonhörer ab oder buchstabiert ihren Namen in Buchstabenklötzchen, noch singt sie «Madelon» oder sagt «Franchot Tone» und reicht den Gästen nicht nach Tisch die Kaffeetassen. Sie ist so klug wie alle ihrer Rasse: sie hat tatsächlich Weisheit erworben in ihrem schätzungsweise fünfundsiebzigsten oder hundertfünften Jahr, wenn man die Jahre nach menschlichen Maßstäben mißt, aber man hat sie nie gelehrt, Kartenkunststücke zu machen oder am Arm eines Herrn zum Abendessen zu gehen oder «Beowulf» zu sagen, ja nicht einmal «Ralph». Ich habe einmal versucht, sie dahin zu bringen, eine alte Bermuda-Autoglocke [1] in Bewegung zu setzen, die ich vor

1 In Bermuda sind Autohupen verboten, es gibt statt dessen Glocken.

Jahren erworben hatte, aber sie hielt es für unter ihrer Würde, ihre Zeit auf so geräuschvolle Weise zu verschwenden, und sie war sogar noch zurückhaltender, als ich versuchte, sie auf den Gummiballon einer Autohupe aus dem Jahre 1905 treten zu lassen. Sie schätzt fremde unnötige Geräusche nicht; sie liebt Ruhe und Frieden.

Nein, meinem altgewordenen Wasserplätscherer sind niemals Kunststücke beigebracht worden, die die zum Essen geladenen Gäste oder Wochenendbesucher ängstlich und nervös machen. Wenn man morgens die Schlafzimmertür öffnet, steht sie nicht mit einer Zeitung und einem Glas Orangensaft davor. Jemand hat einmal versucht, ihr zu zeigen, wie man die Post ins Haus bringt, und lustig verstreute sie die Briefe über den ganzen Rasenplatz vor dem Hause, eine frohsinnige und vernünftige Art, mit meiner Korrespondenz umzugehen, die hauptsächlich aus Einladungen besteht, eine Ansprache im Männerbund gegen trübes Leitungswasser zu halten, aus Ersuchen, etwas Persönliches auf einem Wohltätigkeitsfest der Kirche zu versteigern, und aus diktatorischen Forderungen, wie zum Beispiel: «Meine Schwägerin hat Magengeschwüre. Bitte, schicken Sie ihr sechs Zeichnungen.» Die Pudelhündin gibt anmutig Pfötchen, wie es ihrer Rasse eigen ist, und beschäftigt sich im Hause und auf dem Rasen mit Spielen aus dem Stegreif. Aber sie wird nicht plötzlich zur Cocktailstunde mit einer Platte Hors-d'œuvres neben einem auftauchen. Sie ist ein ländlicher Hund und zittert am ganzen Körper, wenn sie nach New York gefahren wird, was nicht oft geschieht; der atavistische Drang zum Jagen und Schwimmen muß jedoch seit Generationen aus ihrem Blut verschwunden sein, ohne eine Spur zurückgelassen zu haben. Sie könnte eine wilde Ente oder eine Kanvas-Ente nicht von einer Plymouth Rock-Henne unterscheiden, und Gewehrfeuer erschreckt sie. Sie kann ein bißchen schwimmen, watet aber lieber. Sie ist nie mit einem Stinktier oder Stachelschwein in Konflikt geraten und klug genug, sich bei einem Igel, dem sie ins Gehege kommt, zu entschuldigen und nach Hause umzukehren. Wenn sie neben dem Bach auf ihren Hinterfüßen herumtanzt, so bedeutet das, daß sie eine Schlange entdeckt hat, aber sie käme ihr ebensowenig nahe wie ich mit einem Bären anbändeln würde. Sie kann mit dem Ausdruck eines Wesens, das seiner eigenen Nase mißtraut, einem Frosch oder einer Kröte stundenlang folgen. Die Kaninchen, die mit mir die Erzeugnisse meines Gartens teilen, haben schon seit Jahren erkannt, daß sie dem Pudel im Laufen und Hakenschlagen über sind, und ein roter Fuchs, der in der Nähe lebt, trabte einmal in voller Lebensgröße direkt an ihr vorbei, den Weg hinunter und auf die Straße. Eines Nachts folgte die alte Hündin einem Opossum hinauf in den Wald und kam zwei Stunden lang nicht zurück. Meine Tochter war der Ansicht, das Opossum habe die Hündin für ein Lösegeld festgehalten, sich dann aber doch entschieden, sie laufenzulassen. Das ist eine der bekannten Verleumdungen, und Christabel ist daran gewöhnt. Sie ist kein Jäger oder Mörder, aber ein interessierter Beobachter des Lebens der niederen Tiere, zu denen sie sich selbst nicht rechnet. Sie betrachtet sich als ein Mitglied der menschlichen Rasse und kann daher keinen Spaß oder Vorteil darin sehen, einem Ball oder Stock nachzujagen und ihn immer wieder zurückzubringen. Hundert Terrier haben mich seit vor dem Ersten Weltkrieg damit schwach gemacht, daß sie einen Ball zu meinen Füßen niederlegten und dann keuchend und japsend und geifernd dastanden, bis ich ihn warf. Kein anderer Mensch meines Alters kann einen Baseball so weit werfen wie ich nach dieser jahrelangen Praxis. Ich habe gehört, daß ein Kurzhaar-Foxterrier, für den ich einen ganzen Nachmittag lang einen Ball geworfen hatte, niemals zurückgekehrt ist, nachdem ich den Ball schließlich so weit geworfen hatte, wie ich nur konnte. Recht so!

Im Alter wurde die Herzogin-Witwe von West Cornwall ein wenig anmaßend und behauptete standhaft ihre Gleichberechtigung in der Führung gewisser Haushaltangelegenheiten, besonders solcher, die die Mahlzeiten betrafen. Sie lag brav im Wohnzimmer und hielt die Pfoten genau über der Schwelle, aber ein Pudel, der sich den Fünfundsiebzig oder Hundertfünf nähert, verzichtet ohne vorherige Mitteilung auf die althergebrachten Regeln des guten Benehmens. Sie nimmt mir jetzt das Röstbrot aus der Hand, wenn ich die Hand unter die Grenze senke, die sie als Punkt des Verzichts festgelegt hat, und ab und zu nimmt sie mir mit schneller, zierlicher Bewegung die Serviette vom Schoß und wirft sie auf den Boden, damit ihr die Krümel, die sich darin gesammelt haben, zukommen. Wenn man ihr befiehlt, hineinzugehen und sich niederzulegen, weil man ein Gericht vor sich hat, nach dem sie besonders lechzt, stampft sie mit den Füßen und begleitet ihre glatte Weigerung mit einer Serie von Kehllauten, die einem Versuch zu sprechen sehr ähnlich klingen. Der ihr nach einem fünfzehnjährigen Umgang mit Menschen zur Verfügung stehende Umfang an Ausdruck und Betonung ist erstaunlich, und wenn sie draußen ist, kann ich an der Art ihrer Stimme erkennen, wer sich dem Hause nähert. Sie klassifiziert nicht nur Händler nach eigenem System, sie hat auch gewisse Freunde und Bekannte von uns eingeteilt. Jeder Hund tut das in seiner instinktiven einfachen Art, jedoch ohne die fast aus Worten bestehende Kritik, die Christabel in ihr Willkommen oder ihre Ungastlichkeit legt. Sie ist nicht mehr sehr gastfreundlich zu jedem, der vorbeikommt oder uns besucht, aber sobald man sich erst im Hause befindet, verwandelt sie sich blitzartig in eine perfekte Gastgeberin, gibt Pfötchen und beschnüffelt Taschen oder Handtaschen, um zu sehen, ob Schokolade darin ist oder vielleicht auch Knochen.

Zwei- oder dreimal so schnell wie jeder Hund einer anderen Rasse hatte sie begriffen, daß ich sie nicht mehr sehen konnte, und so steht sie ruhig auf, wenn ich ein Zimmer betrete, in dem sie liegt. Als ich einmal in sie hineinstolperte und lang hinfiel, untersuchte sie mich schnellstens von Kopf bis Fuß und trug dabei größte Besorgnis zu Schau, als erwartete sie komplizierte Brüche. Christabel hält mich für eine Art Komödianten und weiß immer, wenn ich ihr zuliebe versuche, komisch zu sein, und sie lächelt auch immer (kein anderes Lächeln gleicht dem des Pudels), und wenn der Scherz eine große Sache ist und ich zum Beispiel die Tür zur Toilette im Parterre öffne, weil sie ins Freie will, gibt sie ein kehliges Lachen von sich, wendet langsam den Kopf und läßt meine Frau an dem Spaß teilnehmen. Ab und zu hat sie meine abgedroschenen Scherze mißbilligt und ihre Mißbilligung unverkennbar gezeigt.

Eines Abends schlüpfte ich, während sie oben war, aus dem Haus und hämmerte an die Tür. Sie rannte nach unten und bellte mit derselben höchsten Entrüstung, wie sie einmal bekundet hatte, als drei Männer die Bäume beschnitten und es ihr so schien, als hackten sie die Ahornbäume ab, die vor dem Hause standen. Den Mantel über den Kopf gezogen, rannte ich ins Haus und brüllte dabei wie der verstorbene Wallace Beery. Mit einem neuen Laut, den ich noch nie gehört hatte, wandte sie sich um, und es sah so aus, als schlittere sie auf dem Bauch nach oben. Aber sie hielt auf dem Treppenabsatz an und entschied sich, die Verteidigung aufzunehmen, bis die Stellung unhaltbar würde. Ich bewegte mich mit einem Lon Chaney-ähnlichen Kriechen die Treppe hinauf, und als ich halb oben war, erkannte sie mich. Sie hielt es nicht für komisch und gab mir tagelang nicht Pfötchen.

Sie hat es gern, wenn sie zu einem ländlichen Gasthaus mitgenommen wird, das ein paar Meilen von unserem Hause entfernt ist. Dort wird sie gestreichelt und gefüttert, und sie glaubt offenbar, daß es mir gehört, denn sie bedroht Leute, die später als sie zum Essen eintreffen. Große Gesellschaften hat sie nicht gern, es sei denn, sie bestehen aus dem halben Dutzend Leuten, die sie wirklich bewundert, sonst geht sie in die Küche hinaus, bis der letzte Wagen abgefahren ist. Vor einiger Zeit begann sie, sich in einem Haus, in dem viele Leute und drei oder vier Hunde waren, zu langweilen, als ein Gesang angestimmt wurde, und bat jemanden, sie hinauszulassen. Eine halbe Stunde später fuhr das Ehepaar, das für uns arbeitet, in seinem Wagen die Landstraße entlang und bemerkte im Licht der Autoscheinwerfer einen schwarzen Hund mit gelbem Halsband, der auf der Straße trabte. Die beiden namen den Hund mit. Christabel war über eine Meile von dem Haus entfernt, in dem die Gesellschaft gewesen war, die ihr nicht gefiel, und sie war auch auf dem rechten Wege nach Hause, nur daß sie noch vier Meilen zu gehen hatte, und das ist ein langer Weg für einen so alten Hund. Ich bin der festen Überzeugung, daß sie trotz ihres Alters angelangt wäre.

In «Christabel (Erster Teil)» sprach ich darüber, daß man den alten Pudel unter dem Apfelbaum begraben werde. Ich nehme es zurück. Ich zweifle nicht daran, daß sie zusehen wird, wenn man mich begräbt, und sie wird nicht tage- und nächtelang endlos auf meinem Grabe liegen, so wie ich Christabel kenne. Sie wird draußen in der Küche sein, mit den Füßen stampfen, zu sprechen versuchen und um die Platte mit dem Steak bitten. Und was noch mehr ist, sie wird sie auch bekommen.

Aus dem Briefkasten für Tierfreunde

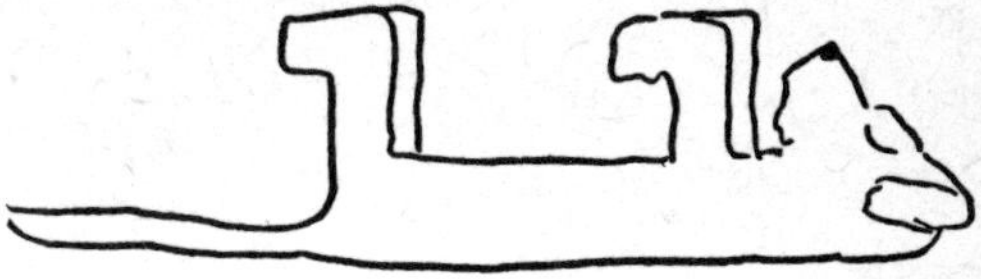

Frage

Beiliegend eine Skizze, die zeigt, wie mein Hund William nun schon seit zwei Tagen daliegt. Ich glaube, mit ihm ist etwas nicht in Ordnung. Können Sie mir sagen, was ich gegen diesen Zustand tun kann?
Mrs. L. L. G.

Antwort

Nach der Zeichnung zu urteilen, ist William in einem Trancezustand. Bei Hunden sind Trancezustände jedoch selten. Vielleicht ist es auch nur Ekstase. Wenn er nach weiteren vierundzwanzig Stunden keine Neigung zeigt, sich in Bewegung zu setzen, würde ich ihn aufgeben. Aus der Stellung der Ohren möchte ich auf eine gewisse stille Vergnügtheit schließen, aber der Schwanz ist doch beunruhigend.

Frage

Mein Hund sitzt oft so da und macht mir dann ganz den Eindruck, als ob ihm etwas Bestimmtes im Kopf herumgeht. Er scheint immer zu grübeln. Gibt es ein Mittel, ausfindig zu machen, was mit ihm ist? Arthur

Antwort

Infolge des künstlich komplizierten Lebens, das Großstadthunde heute führen, neigen sie dazu, die einfachen Instinkte zu verlieren, die früher die Hunde aller Rassen leiteten, und geraten häufig in einen Zustand, der geistiger Verwirrung sehr nahe kommt. Ich selbst habe mehrere tiefsinnige Hunde gekannt. Für gewöhnlich sind ihre Probleme jedoch nicht weiter ernst, und ich möchte annehmen, daß Ihr Hund lediglich etwas verlegt hat und jetzt darüber nachdenkt, wo er es hingetan hat.

Frage

Manchmal benimmt sich mein Hund, als ob er mich gar nicht kennt. Ich glaube fast, er ist geistesgestört. Wenn ich ihm nahe komme, weicht er zurück oder zeigt die Zähne.

H. M. Morgan jr.

Antwort

Das würde ich auch tun, und ich bin nicht geistesgestört. Wenn Sie auf Ihren Hund so zuschleichen, wie Sie es in der Zeichnung darstellen, kann ich ihn verstehen. Stecken Sie Ihr Hemd in die Hose und richten Sie sich auf; Sie benehmen sich, als hätten Sie noch nie im Leben einen Hund gesehen, und das ist es zweifellos, was das Tier verstört. Derlei Trübungen der gegenseitigen Beziehungen können oft durch ein wenig gesunden Menschenverstand beseitigt werden.

Frage

Mein Polizeihund hat seit einiger Zeit ein sehr merkwürdiges Betragen angenommen, und zwar infolge davon, daß mein Vater an jedem Abend seit zwei Jahren, wenn er von der Arbeit heimkommt, zu ihm sagt: «Wenn du ein Polizeihund bist, wo ist deine Kennmarke?», worauf er lacht (mein Vater). Ella R.

Antwort

Die ständige Wiederholung einer Neckerei hat auf die neurotischen Hunde von heute manchmal die gleiche Wirkung wie auf Menschen. Es ist gefährlich und unbedacht, einen Polizeihund wegen seiner Fähigkeiten, seiner Autorität usw. zu hänseln. Nach der Art zu urteilen, wie Ihr Hund sich offenbar hinter Tischen, großen Vasen und diesem undefinierbaren Ding, das aussieht wie ein Handkoffer, versteckt, will mir scheinen, daß Ihr Vater den Spaß nun weit genug getrieben hat – vielleicht sogar schon zu weit.

Frage

Niemand kann uns sagen, was für eine Art Hund wir haben. Ich lege eine Skizze einer seiner beiden Stellungen bei. Er hat nur zwei. Die andere ist die gleiche, nur schaut er dabei in die entgegengesetzte Richtung. Mrs. Eugenia Black

Antwort

Meiner Meinung nach ist das, was Sie da haben, ein gußeiserner Gartenhund. Der ausdruckslose Blick und die starre Haltung sind charakteristisch für Gartentiere aus Metall. Sie könnten indessen alle Zweifel durch eine einfache Probe mittels Hammer und Meißel oder eines Schweißbrenners beseitigen. Wenn das Tier zerspringt oder schmilzt, trifft meine Diagnose zu.

Inhalt